辽宁省财政科研基金课题(项目编号:20D004)

建筑企业集团基于价值增值的财务管控研究

周鲜华　刘梦珂　朱轩辰　李文辉　著

哈尔滨工业大学出版社

内容简介

本书基于对我国建筑企业集团价值构成及其价值实现的基本逻辑的建立，分析建筑企业集团财务管控模式的选择、全面预算管理、资金集中管控、财务信息化建设、内部审计监督管理等与价值创造的内在关系，总结我国建筑企业集团财务管控的一般规律与特点，探索我国建筑企业集团基于价值创造的财务管控模式的实现路径，期待能为建筑企业集团的内部控制、价值创造提供实践指导。

本书可作为高校管理学、经济学等学科的学习参考资料，也可作为企业管理从业人员的学习读物。

图书在版编目(CIP)数据

建筑企业集团基于价值增值的财务管控研究/周鲜华等著. —哈尔滨：哈尔滨工业大学出版社，2020.11
ISBN 978-7-5603-9213-4

Ⅰ.①建… Ⅱ.①周… Ⅲ.①建筑企业集团－财务管理－研究－中国 Ⅳ.①F426.9

中国版本图书馆 CIP 数据核字(2020)第 241486 号

策划编辑　田新华
责任编辑　苗金英
封面设计　刘长友
出版发行　哈尔滨工业大学出版社
社　　址　哈尔滨市南岗区复华四道街 10 号　邮编 150006
传　　真　0451－86414749
网　　址　http://hitpress.hit.edu.cn
印　　刷　哈尔滨圣铂印刷有限公司
开　　本　880mm×1230mm　1/32　印张 4.75　字数 133 千字
版　　次　2020 年 11 月第 1 版　2020 年 11 月第 1 次印刷
书　　号　ISBN 978-7-5603-9213-4
定　　价　49.00 元

(如因印装质量问题影响阅读，我社负责调换)

前　言

在党的十九大报告中，习近平总书记明确地提出："我国经济已由高速增长阶段转向高质量发展阶段。"鉴于此，关于我国企业治理的研究也随之兴起，企业集团的内部控制越来越受到重视。但是，对市场转型与风险防范的关注，使得企业在财务管控过程中忽略了业务的拓展和价值创造能力的提升，出现了"过度防控"的现象。如何在加强财务管控的实践中不断提高企业的价值创造能力，逐渐成为一个具有现实意义的课题。

目前，国内一些大型建筑企业的年施工产值比20世纪90年代初增长了两三百倍，但在规模快速增长的建筑企业中，有了更大的规模、更现代化的设备、更适用的管理方法和商业模式。然而，企业的生产组织模式和管理模式没有改变，企业虽然取得了长足的进步，但"核心"并没有改变，很多建筑企业的管理水平还停留在粗放型管理上。在财务管理方面，依然停留在以记账为主的传统财务管理模式，缺乏对资金流的规划与管控，财务的职能尚未发展到事前控制的水平。对建筑企业而言，对资金的管控是极为重要的，纵使利润表中的数字可以反映出企业利润颇丰，然而企业的现金流吃紧，也很难应对大额的施工垫款、投标保证金、履约保证金等支出。这些问题若不能得到解决，企业的利润表不过是个数字而已，资金问题或将成为制约企业发展甚至存活的关键。

为探索我国建筑企业集团的财务管控模式和价值创造与提升路

径,本书以价值增值为导向,探究我国建筑企业集团价值构成及其内在机制,深入分析建筑企业集团财务管控模式的选择、全面预算管理与价值创造、资金集中管控与价值创造、财务信息化建设、内部审计监督管理等,据此总结出我国建筑企业集团财务管控的一般规律与特点。本书结合国内外相关理论知识、国内实务工作与研究工作,以建筑企业集团为视角,深入分析了财务管控的基本情况,在此基础上讨论在财务管控过程中实现企业创造价值的路径,并就全面预算管理与控制、资金管理与控制等状况进行了归纳分析,结合我国当代国情,提出了"大智移云"背景下对内部控制建设的展望。本书选取多家建筑企业实际案例,分别从加强监督的全面预算管理、探索可行的资金集中管理模式、推进财务信息化建设、加强内部审计监督防范和控制财务风险四条路径进行模式构建与分析,以期为建筑企业集团的内部控制、价值创造提供有价值的参考依据。

本书第一章和第三章由周鲜华(沈阳建筑大学管理学院)负责撰写,第二章和第四章由李文辉(上海大学管理学院;上海汽车变速器有限公司)负责撰写,第五章和第六章由刘梦珂(沈阳城市建设学院)负责撰写,第七章和第八章由朱轩辰(沈阳建筑大学管理学院)负责撰写。为了尽量吸收企业集团财务管控的最新研究成果,作者在本书的撰写过程中参阅了国内外相关论文及著作,并调研、咨询了国内一些大型企业集团,在此向有关作者以及企业集团的财务总监表示诚挚的谢意。同时感谢沈阳建筑大学研究生张羽兮、王晨晨、王惠、李天贺、谷超、边巧菲、艾欣等为本书的付出!

作 者
2020 年 2 月

目 录

第一章 绪论 ··· 1
  第一节 研究背景 ·· 1
  第二节 研究目的与意义 ·· 3
  第三节 国内外文献简述 ·· 4
  第四节 研究方法 ·· 8

第二章 相关理论综述 ··· 9
  第一节 管理控制理论 ·· 9
  第二节 契约与代理理论 ·· 12
  第三节 企业集团财务管控 ·· 15
  第四节 价值管理与价值创造理论 ································ 19

第三章 建筑企业集团财务管控模式选择 ·················· 24
  第一节 建筑企业集团财务管控现状 ···························· 24
  第二节 影响财务管控模式选择的因素 ························· 28
  第三节 基于内部控制与 EVA 指数的实证检验 ············· 30
  第四节 建筑企业集团财务管控创造价值的路径 ··········· 37

第四章 建筑企业集团全面预算管理与控制 ·············· 42
  第一节 全面预算管理概述 ·· 42
  第二节 建筑企业集团全面预算管理模式构建 ·············· 45
  第三节 建筑企业集团全面预算的编制 ························ 50
  第四节 建筑企业集团全面预算管理的执行与控制 ········ 53
  第五节 案例分享——X 集团现行预算管理模式分析 ···· 55

第五章　建筑企业集团资金集中管理与控制 ……… 63
第一节　资金集中管理概述 ……………………… 63
第二节　建筑企业集团资金集中管理模式研究 …… 65
第三节　建筑企业集团资金管理的保障体系 ……… 70
第四节　资金集中管理的价值创造 ………………… 79
第五节　案例分享 …………………………………… 81

第六章　建筑企业集团财务管控信息化 ……………… 85
第一节　财务信息化概述 …………………………… 85
第二节　建筑企业集团财务信息化实践中存在的问题 …… 88
第三节　推进建筑企业集团财务管控信息化的策略 …… 90
第四节　建筑企业集团财务共享服务中心的建设与实施效果 …… 92
第五节　案例分享 …………………………………… 96

第七章　建筑企业集团内部审计监督与管控 ………… 105
第一节　建筑企业集团的内部审计实践 …………… 105
第二节　建筑企业集团内部审计项目 ……………… 107
第三节　建筑企业集团建设项目内部审计的主要风险要素 …… 115
第四节　建筑企业集团增值型内部审计的风险管控路径 …… 118

第八章　"大智移云"背景下企业集团财务管控的发展 …… 121
第一节　"大智移云"物区概述 …………………… 121
第二节　"大智移云"背景下企业集团加强财务管控的必要性 …… 125
第三节　"大智移云"背景下的企业价值创造 …… 126
第四节　"大智移云"背景下加强集团财务管控的策略 …… 129

参考文献 …………………………………………………… 135

第一章 绪 论

第一节 研究背景

对现代企业而言,财务管理的目标之一是使股东财富最大化。随着信息技术的飞速发展,信息化和经济全球一体化浪潮的推进,企业所处的外部环境受到了重大影响,发生了颠覆性的改变。在知识经济时代,随着全球市场的逐步形成,国际贸易额的不断增长,企业资本规模持续扩张,资本结构也发生了变化,世界资本流动不断加速,逐步形成"信息经济"。知识和信息已经成为越来越重要的战略资源,个人和组织的知识处于不断更新之中。企业的生存基础是持续经营和可持续发展。持续经营也是会计的基本假设之一。因此,企业的经营管理者具备持续经营的管理意识和能力,是企业不断总结和探索发展路径的关键要素,也是实施企业战略管理的基础。如果企业的经营管理者想要具备持续经营的管理意识,首先要具备持久的意志和信念,其次要制定与企业发展方向相匹配的经营战略,而其中的关键就是要创造价值。只有在不断创造价值的基础上,企业才能提高竞争力,才能实现持续经营。由此引申出两个不同的企业类型,即生命型企业和经济型企业。与经济型企业追求利润最大化相比,生命型企业持续发展的核心是创造价值。企业是由股东、经营管理者、债权人、员工和客户等利益相关者组成的契约集合,企业通过生产经营活动为其利益相关者和社会创造价值,并最终实现企业自身的价值增值。因此,在当前环境下,企业之间的竞争根本上就是公司价值创造能力、价值增值水平的竞争。企业价值的创造和公司整体价值的增值是实现企业可持续经营和发展的基础。

随着我国经济持续快速增长,一些大型建筑企业的年施工产值比20世纪90年代初增长了两三百倍。在规模快速增长的建筑企业中,有了更大的规模、更现代化的设备,企业的技术水平、经济效益虽取得了一定进步,但企业的生产组织模式和管理模式却未发生改变,企业管理的"核心"并没有改变。

在我国,20世纪80至90年代的企业研究主要集中在产权方面;2000年以后,现代企业制度建立,企业治理的研究也随之加入,企业集团的内部控制越来越受到重视。对市场转型与风险防范的关注,使得企业在财务管控过程中忽略了业务的拓展和价值创造能力的提升,出现了"过度防控"的现象。如何在财务管控的实践中提高企业价值创造能力和价值增值能力已逐渐成为具有重要现实意义和理论意义的研究课题。

本书以价值增值为导向,探究我国建筑企业集团价值构成及其内在机制,深入分析建筑企业集团财务管控模式与价值创造、全面预算管理与价值创造、资金集中管控与价值创造、财务信息化建设和内部审计监督管理,总结我国建筑企业集团财务管控的一般规律与特点,探索我国建筑企业集团的财务管控模式、价值创造与提升路径。

第二节 研究目的与意义

一、理论意义

现代企业的核心要求是价值创造,同时,价值创造也是现代企业和谐发展的必备条件。实现企业的价值创造,必须完善企业的内部控制,规范内部控制机制,加强内部控制监督,完善内部控制体系。要想从根本上指导和解决相关的内部控制问题,就必须建立以价值创造为核心的、科学的内部控制体系。目前,我国建筑企业集团内部控制目标体系的定位、逻辑、水平和方法不够明确具体,尤其是内部控制价值创造的本质被忽视,导致建筑企业集团内部控制目标的偏离。本书站在价值增值的视角,从企业的具体实际操作出发,理论与实践相结合,价值增值与内部控制相结合,借鉴国内外的理论基础和实践经验进行深入研究,以促进建筑企业集团价值创造、价值增值管理活动的有效实施。

二、实践意义

尽管我国建筑业在国民经济中占有重要地位,对国民经济产生重要影响,但许多建筑公司的管理水平较低、管理模式单一,仍然停留在粗放管理上。在财务管理方面,建筑企业仍然保留在以会计核算为支柱的传统财务管理模式中,缺少资金计划和控制资本流动,财务职能单一,尚未达到事先控制的水平。建筑企业资金流动较快,控制资金极为重要,即使财务报表中的数字反映出该企业经营状况良好、利润可观,但该企业的现金流却可能很紧张,很难应付大量的工程预付款、招标保证金、履约担保等。如果这些问题不尽快解决,公司的利润表无非是一些数字,资金问题可能成为限制建筑企业发展甚至生存的关键。

　　管理会计工具的创新应用在提高我国企业的效益和价值方面发挥了重要作用。管理会计的发展已从简单的计划和成本控制转变为对关键经营活动的衡量和价值管理，重点关注创造价值的主要财务和业务驱动力，从价值的角度出发支持战略决策和业务决策，从"物本管理"的管理模式转变到"人本管理""智本管理"，从清晰、精准和确定的量转变为以价值为主要决定因素和多重折中的软度量。在我国企业发展的实践中，许多优秀的企业通过实践中的管理会计创新和长期探索摸索出了适合企业发展的管理体系。如何学习先进的管理会计价值创造理论和卓越的财务管理与控制实践，更好地提升我国建筑企业集团财务管控的效率和效果，促使我国企业财务管控加快转型升级，并不断提升建筑企业集团的创造价值能力、价值增值水平，从实践角度也具有非常重要的意义。

第三节　国内外文献简述

一、国外文献简述

　　Modiglian 和 Miller 于 1958 年发表了《资本成本、公司融资和投资理论》一文，首次提出了企业价值的概念，认为企业价值是与未来经营活动相关的现金流量的现值。他们认为，在不考虑所得税的前提下，公司的价值与资本结构无关，它主要取决于投资的效率，即公司的生产和经营活动，由投资活动产生的未来净现金流量决定了公司的价值水平，融资活动对公司价值的影响仅反映在债务利息的减税价值上。在此基础上，Modiglian 和 Miller 又完善了企业价值理论，并提出了基于所得税的 MM 修正模型。MM 修正模型的理论在于研究公司的资本结构与融资方案下的资本结构和公司价值之间的关系。模型中提出了企业价值的定义，确立了企业价值、企业风险和资本成本之间的关系，根据模型阐明企业价值、投资决策和融资决策之间的相互关系，建立了在财务管理乃至整个经济活动中方法论地位的套利分析。因此，MM修正模型的资本结构理论最重要的贡献是揭示了财务管理的核心就是价值的创造。

随着价值管理理论的深入发展，20世纪90年代，美国麦肯锡公司提出了以价值最大化为目标的价值管理，创新了价值管理理念。这一理念最初是由毕马威(KPMG)咨询公司提出的，该公司认为，价值管理是一种定义日常经营和管理创造价值的核心概念的方法，任何公司行为的出发点都是股东价值的最大化。价值管理具体包括管理组织的组织结构、组织发展战略和日常业务流程，这些内容决定了管理人员的薪酬激励计划和绩效评估。价值管理是一项持续的过程，首先开始于战略计划，在制订战略计划时必须制订具备竞争优势的计划，然后确定计划的实施目标，并根据计划严格执行，最终实现股东价值的最大化。Tom Copeland 在《价值评估》中指出，价值管理的基础是价值评估，价值管理的具体内容是现金流量管理和价值创造，价值管理的目标是促进价值增值。

1985年，美国哈佛大学Michael E. Porter教授提出了"价值链"的分析方法，以研究企业价值链的内部和外部活动。从价值链的角度来看，Michael E. Porter将业务活动分为基本活动和支持活动(辅助活动)，这些活动都会直接或间接地对企业价值的创造产生影响。基本活动包括进料、生产活动、销售活动、发货运输和售后服务。支持活动(辅助活动)主要包括公司基础设施、人力资源、技术开发和采购活动等，支持活动为基本活动提供增值的服务支持。并非企业业务环节中的每一项活动都能实现价值增值，只有某些重要的业务活动才被视为价值链的战略链接，在价值链中真正创造价值，企业内部控制的重点是关注关键业务环节，控制影响价值增值的驱动因素。

二、国内文献简述

我国对财务管控、内部控制等研究相对于发达国家较晚,学者的研究主要集中在税收法规和成本管理的控制上。内部控制、财务管控理论的发展不仅受到特定的社会和历史条件的影响,而且受到人们认知程度、业务性质和管理体系等许多因素的影响。

1. 有关财务管控的研究

我国对于财务管理和控制体系构建及其改进途径的理论研究相对滞后于实践。首先,在财务管控研究方面,主要集中在财务管控模式的选择和财务管控系统的建设上,并未定义财务管控能力的概念,从能力维度进行财务管控分析。其次,缺少系统地构建财务管理系统的结构和控制能力,并探索提高财务管控能力的实际方法,尚未从根本上提高财务管控能力和水平,促进其财务管理和控制水平的不断提高。再次,在研究财务管理能力方面,作为现代财务管理能力的重要组成部分的财务管控能力并未得到充分重视,有关文献很少。在现有的国内文献中缺乏关于财务管控能力的系统研究成果。戴昕从财务管理模式创新与优化的角度梳理价值创造型财务管理的实现路径,重点通过案例分析了该模式在预算活动、经营活动、投融资活动以及风险控制活动中的具体应用。程艳与张杰从财务报告能力的角度进行了一系列初步探索,以提高财务管理和控制能力。

以国外内部财务控制相关理论的研究为前提,结合我国国情和背景,学者们主要从以下三个视角进行总结:首先是财务计划管理理论,从企业经营者的角度出发,将内部控制视为制订并实现企业财务计划的重要管理手段之一。其次是财务制度安排论将内部控制视为一种权利安排,将财务控制权和收益分享权进行有效调度和安排。再次,随着第二种理论的发展和制度的约束,衍生出第三种理论"财务控制新论"。伴随着社会的进步和市场经济的迅速发展,传统的财务控制模式已经不适合我国企业的管理需求,因此衍生出从所有者视角出发的新理论,通过分析现代市场经济大环境,归纳总结出企业内部财务控制的关键点:财务管控的目标是在成本和收益均衡化的前提下实现企业价值最大化;企业董事会是主导力量,客体是企业拥有的财务资源及人力资源;财务管控的实现方式和手段主要有激励和约束两种。

2. 有关价值创造的研究

国内关于价值创造的研究大多是对国外研究成果的借鉴,价值管理、价值创造方面的研究并不广泛。我国的企业价值研究起步相对较晚,20世纪90年代几乎没有对此研究的文章,受计划经济过渡到市场经济的影响,这需要一个过程,当企业越来越多、所有权与经营权分离时,才会把焦点聚集到价值提升上来。进入21世纪后,国内对影响价值因素的研究才开始起步。伴随着我国经济的蓬勃发展,越来越多的研究人员致力于研究企业价值。李杰(2018)指出,公司未来获利能力的现值即企业价值,为了确定判断业务未来价值的指标,投资者需要通过某些方法将业务的当前已知价值与未来价值相结合。迟国华与邹威(2015)构建了一种价值评估与提升模型,建立以企业的组织目标为逻辑起点,以价值管理为基础,以经济增加值(EVA)为核心的价值管理整合框架。该模型系统严格,并适合实际操作。他从价值规律和估价整合过程两个方面对价值评估进行分析,形成了一套成熟而系统的理论框架体系。袁业虎(2014)通过梳理国内外财务管理理论的演进过程,深入分析了财务管理的实质,明确了资本的相关内涵和企业价值的创造,同时强调了财务管理的内部机制,从财务的角度揭示了资本与公司之间的交易和劳动分工,建立了财务理论的基本框架。

第四节　研究方法

本书以建筑企业集团为视角,深入分析了财务管控的基本情况,在此基础上讨论在财务管控过程中实现企业创造价值的路径,并就全面预算管理与控制、资金管理与控制等状况进行了归纳分析,结合我国国情,提出了在大数据、智能、移动互联网、云计算,即"大智移云"的背景下对内部控制建设的展望。

本书以管理控制理论、契约代理理论、价值管理与价值创造理论为指导,梳理了建筑企业集团价值增值财务管控的基本思路和逻辑框架,通过结合企业价值评估的相关理论和方法,运用逻辑归纳法、理论与实证相结合等方法,构建了以EVA为核心的建筑企业集团价值评估模型,并提出了建筑企业集团价值创造的财务管控路径。

本书运用案例分析的方法,选取多家建筑企业实际案例,分别从加强监督的全面预算管理、探索集中资金管理的可行性模式、促进财务信息化建设、加强内部审计监督防范和控制财务风险四条路径进行模式构建与分析,从而为建筑企业集团的内部控制、价值创造提供参考依据。

第二章 相关理论综述

第一节 管理控制理论

管理的关键在于控制。作为管理工作重要功能之一的控制,是保障企业计划与实际作业动态相适应的管理职能,控制的实施效果决定了管理是否有效,而一个集团的管理工作主要包括项目的计划工作、组织工作、指挥协调工作以及最重要的控制工作。法约尔曾指出控制就是使结果与标准相一致的过程,它要求这项工作统领全局、全面贯彻始终,从预测到反馈,缺一不可。

一、管理控制性原理

控制是指为了确保组织制订的各项计划能够按照规定顺利完成而进行的监督和校正的行为过程。通常来说,控制这项职能是管理工作中比较关键的影响因素。企业制定的目标在实际工作中可能会受到多种因素的影响而导致偏差产生,这就需要控制工作发挥作用。具体到实际的企业来说,控制工作就是指利用企业在进行生产活动时所产生的信息进行处理和纠偏,使得生产经营活动能够按照既定战略计划进行,及时找出主要原因并采取有效的措施和手段纠偏,进而能够将企业的项目生产和经营活动逐渐与项目计划相契合,从而最终保证项目的顺利完成,有效保证企业经营活动的经济效益。

基于成本效益原则,在对项目进行控制时不能面面俱到,所以对最关键的控制性因素进行管控成了最重要的任务,一旦控制住了项目运行的关键点,就能够全部掌握项目的运行规则。由于现实情况的影响因素过多,因此在进行实时管控时需要对每个调整进度都留有足够的反应空间。

二、管理系统性原理

系统指某些具有内在联系和能够相互作用的个体由一个共同的目标组成的一个总体。由于现行的企业管理体系与过去较为简单的垂直式企业管理体系是不同的,所以现在的管理工作通常都是错综复杂的。这些繁杂的系统管理工作又可以被分解为若干子系统。这些相互独立又相互关联的子系统只有通过科学合理的管理工作合成一个互相不冲突的整体系统,才能够形成一个为了统一目标而努力的整体。只有通过管理工作对系统进行计划,并对各个部分的工作进行合理安排和优化,才能够以整体系统作为中央动力,使得各个部分共同形成一个系统,并且使其能够按照既定目标运行。

这样的系统优化可以通过对系统内部的各个部分进行工作优化以及对各个部分之间的信息流动和物质流动进行加速,最终使得系统的整体运行效率达到最优。而对系统进行优化不是简单地对每个部分的功能进行优化之后进行简单的加减运算,而是作为一个有机的整体,总体的效应只有高于每个部分的总和才能说明这是一个比较优秀的系统。由于每个要素都会对系统的整体功能有所影响,所以在对某个系统进行研究使得其有所优化时,不仅需要对独立的部分要素进行分析,也要研究和分析各独立部分在系统整体中发挥的功能。因此,对每个部分进行分析和研究,并且细致地优化各个部分之间的联系,是在进行系统工作优化时必须要做的工作,使得局部要素能够与整体系统的期望目标一致,这才是企业管理工作人员进行系统优化的最终目的。

三、管理控制系统

管理控制实际上是管理生产经营的管理人员通过对给定的物质资源和人力资源进行有效利用,按照计划好的运营战略和规划实施企业的经营活动,最终达到既定目标的过程。而当某个系统是由管理人员对企业和组织进行相应的行为控制,并利用各种资源对企业的预定目标进行全力实现的时候,可以称这样的系统是一个标准的管理控制系统。

企业的管理控制系统一般由以下几个部分组成:一是管理控制行为的目的,这是企业管理人员进行管理控制行为的第一步。只有确定了最终的战略目标,企业的经营生产活动才有了最终的努力方向,从而企业的各个组成部分才有了奋斗的目标。为了完成既定的战略目标,就必须保证企业的各个组成部分与企业的整体利益的高度一致性。二是管理控制系统的主要组成部分,就是企业的管理人员组成的管理部门、进行生产经营的生产部门以及为生产经营进行服务的其他相关部门。三是管理控制系统针对的具体对象,就是组织进行的相应的经营和管理的活动。四是进行管理控制的系统所使用的科学合理的方法,这是管理者对目标实现最有效和科学的工具,这样的科学工具能够对相应的战略目标实现过程提供很大的帮助。管理控制系统的结构如图2.1所示。

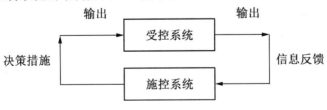

图2.1 管理控制系统的结构

第二节　契约与代理理论

随着时代的不断发展,经济学中的契约概念相比于法律规定中的契约概念更为广阔,不仅包含了法律中具有法律效力的契约,还包含了其他默认的契约。例如,一些市场交易在经济学中也会被认为是很重要的契约概念,并将此作为经济分析的基本要素。因此,也可以将委托代理关系这种新型的委托关系认定为一种新的契约关系。

一、显性契约

显性契约指的是客户与企业之间对于商品本身的所有权进行转移的契约关系,这种契约关系需要依靠第三方的介入才能够强制性地完成。这种契约形式一般来说都是正式契约,而其外在的表现形式则是一些在法律规定范围之内的、可以进行公布的明示规定,这些明示条款可以交由第三方进行验证,使得其成为法律认定的合法契约,并且由相应的执行部门进行合法的强制执行。

显性契约又可分为两类:一种是对某一类组织甚至每一类组织都能够通用实施的大众型契约关系,例如公司法、劳动法等相关法律法规;另一种是只对某单个特殊的组织机构适用的章程条例类的特殊契约。

显性契约的最基础目的是降低产品的交易成本;显性契约的内容最主要的是为了使得利益主体的利益诉求得到基本保障,而这种诉求是普遍的客户诉求;相应制度的微小变化对于显性契约的影响是较小的。

二、隐性契约

隐性契约指的是客户和企业之间对于生产的产品的所有权进行转移的默认行为,这种隐性契约的存在前提是显性契约的约束力存在,而这种约束力主要是在相应的法律法规和相应的市场机制限制下自动形成的。

隐性契约与显性契约的不同之处在于,其外在表现形式只是一种默认的条款条例,而不是一些能够表达在正式契约中的条款,因而这种隐性契约其实也可以认为是一种理论构想,而这种理论构想无法写入正式契约的原因是这样的隐性契约签订成本是不可估量的,而能够兑现隐性契约的承诺在很大程度上依赖于企业的信用是否良好。这种伴生类的契约更主要的目的是对主体利益进行维护,因而其存在形式也是比较复杂的。

显性契约和隐性契约的签订基础是签订双方的互信,而作为伴生品的隐性契约也可以称为衍生契约,依附于显性契约而存在。这两种契约的签订目的都是追求提高签订交易的高效率,避免浪费签订双方的时间和金钱成本。在某些特定条件下,显性契约和隐性契约是可以相互转化的。

三、关系契约

新制度经济学中所需要关注的最关键的因素是关系契约理论。在正式的契约理论中,其内容必须是合乎法律规定并且表达清晰、行之有效的,这种契约是最理想的类型。然而在现实生活中,由于其复杂程度法律法规并不能完善,契约在进行设计时总会有考虑不到的突发情况,因而很多契约的实施效力都非常依赖签订双方的"人质、抵押、触发策略、声誉"等这些保障机制以及互信效力是否强大。在这样的基础上,学者们提出,并不依赖于非常详细的规定条例,而仅仅是对基本原则和最终目标进行规定,在这样的理想契约中,个人的关系会起到非常重要的作用。

关系契约理论提出之后,可以将其放入特殊的社会关系的范畴中进行研究考量。关系契约这种理论最终的约束限制能力需要到社会背景中寻找,而非通过详尽的法律法规进行规定强制执行,从而有别于以往的契约理论。关系契约论的主要目标是把已经从传统的现代契约法理论中排挤出去的关系契约或者传统的现代契约法理论无法容纳的部分重新找回来。关系契约理论能够将纠纷处理的过程在实体法视野中体现出来,它主要提倡用关系性去解决涉及法律的问题,并且要让契约法和非契约法在一些最基本的规范上不会产生隔阂。打破理想主义的思维方式是关系契约理论最大的优势,当事人的意志在社会契约中的作用不容小觑,与此同时,对于契约的制定、更改、履行以及在处理契约纠纷当中同样产生重要的影响。

关系契约理论一经提出,在法学等相关领域受到了许多学者的关注,引发了广泛的讨论。交易成本理论中包含的关系契约首先是由 Williamson 将其引入的,与此同时,他提出关系契约对于专有性投资造成的签约后的机会主义行为适用性较强。随着经济的发展,企业关系也在不断发生着变化,逐渐由之前的竞争向竞合方向转变,企业之间保持长期合作的关系就会形成对关系契约的依赖性,合作时间越长,对契约的依赖性就会越强。与正式契约相比,关系契约的优势主要有:与法院相比,采取的行动更容易受到契约参与方的监控;契约参与方的判断与法庭两极相比更加细微;对于法律不易观察的现象,契约方则更容易进行观察并进行判断,与此同时,关系契约自确定后并不是一成不变的,可以随时间的变化而不断地发生变化。

四、市场契约

在市场契约条件下,博弈双方为市场参与者和监管者。在此情况下,制度安排和非制度惯例通过一系列的市场行为措施以及沟通形成一致性意见,这种意见被称为市场契约,各方都能够在这个过程中获得各自的利益。

企业契约不同于市场契约,它更具长期性、要素投入性和不完备性。市场契约的主要特点是中间产品的短期性、完整性和可得性。市场合同的执行主要取决于价格机制。公司契约、政府契约和社会中介契约是我国市场契约的主要类型。

在短期市场契约的情况下,每一项合作的终止就是契约的终止,即双方要为每一项合作订立契约。市场契约具有很强的资源收集能力,是人力资源的组合,由于合同的特点,人力资源的可塑性往往包括在随机谈判的控制范围内。现代契约理论对于暂停契约的观点更多是认为暂停契约是实施市场机制的核心,但对第三方授权措施而言,这种暂停实际上是一种效率低下的行为。因此,我们可以理解为:由于第三方实施机制的存在,合同市场之间可以形成一个自我强化的间隔。

五、代理理论

现代企业的发展需要一个与之相适应的理论体系,而代理理论的发展也与这一趋势相适应。在过去的几十年里,代理理论逐渐成为契约理论中最重要的组成部分。代理理论有两个主要分支:代理成本理论和代理主体理论。第一个理论分支是由 Alchian 等人在 1972 年提出的,第二个理论分支是由 Jensen 等人在 1976 年提出的。代理理论作为现代企业理论发展过程的重要组成部分,主要建立在企业所有权与管理分离的基础上,强调委托人与代理人之间的利益冲突和信息不平衡等问题。

Bede 和 Means(1932)曾指出"两权分离"问题,披露企业所有者同时也是企业经营者的弊端,主要是为了保持企业所有权和管理权的分离。之后,人们开始逐渐脱离新古典经济学理论,专注于企业内部的结构和运作原则。现代企业理论,如信息经济学和契约理论的逐渐确立,使代理理论逐渐发展。Jensen 和 Meckling 在 1976 年出版的《企业理论》一书中首次提出了代理理论。在该书中,代理理论作为一种分析公司治理问题的基本框架得到了说明,并且从此有了初步的构建。与其他理论相比,代理主体理论更加正式和抽象,都是通过数学模型来表达的,这在一定程度上更符合西方学者所寻求的科学定义。代理理论在发展的过程中,逐渐成为西方经济学发展中的典型理论模型。

第三节 企业集团财务管控

随着我国经济的发展,企业集团迎来了前所未有的发展时机,对于高速发展的市场经济而言,企业集团财务管控面临的挑战也越来越严峻,有效的财务管控对于企业集团的发展至关重要。

一、集团财务管控

对于企业财务管控的定义目前还不是十分统一,通过借鉴国外的经验,本书将其做如下定义:为确保战略目标实现以及企业价值的最大化,在能够控制企业面对的风险的前提下,对企业财务管理活动采取有效的管理工具和手段。

与一般的企业财务管控相比,企业集团的财务管控有诸多不同,企业集团财务管控的主要目标是实现企业集团效益的最大化,企业集团在所有权及法人财产经营权基础上,通过实行有效的手段和方法,对企业集团从事的经济活动进行不断引导、调节、监督和控制,从而使得企业集团在竞争中保持自己的优势地位。集团公司一直以来面临的最大问题就是如何对集团子公司进行有效的财务管控。企业集团所涉及的财务关系交错复杂,有主体突出、多层级复合的特征。

除此之外,企业集团在确定母公司核心地位的前提下,还必须充分考虑各分公司的实际情况。各分公司所处的地域以及经营的产业都存在差异,对于每一个分公司而言,其企业文化和管理水平也会呈现出参差不齐的水平,对于集团公司而言,其采用合理的管控方式至关重要。运用预算管理、资金管理、信息化管理、网络集成化管理等多种手段,在管理上开阔视野、不断创新、提高积极性,往往对企业集团整体战略的实现能够给予一定程度的保证。

二、集团财务战略

在激烈的市场竞争和日益复杂化、国际化的经济环境中,要求企业集团制定并贯彻执行长期发展战略。财务战略作为一种整体战略的支持性战略,它需要通过制定长期发展的战略决策,把企业的资源按决策计划进行筹集和配置,是企业战略的重要组成部分。而如何在战略管理决策中注入财务管理的战略思维,关键在于与集团战略如何紧密结合,以完美匹配企业发展的长期目标。

财务战略包括战略分析、战略制定、战略实施、评价协调四个步骤,它是一个不断动态循环的管控过程。集团财务战略主要包括资金筹集战略、资金投资战略、收益分配战略等。

企业的财务战略主要有以下三种类型。

1. 扩张型财务战略

采用这种类型的财务战略时,需要达到的目标是保证资产规模的快速壮大。企业会动用大量的资源来实现这一目标,因此形成的利润常常作为企业的发展资金,一般不对外分红或尽量少分红;另外,企业还利用财务杠杆对外举债发展,以弥补自有资金的不足。通常企业会在初创期和扩张期采用这一财务战略。

2. 稳健型财务战略

采用这种类型的财务战略,目的是确保公司资产和收入持续均衡增长。实施这一战略的公司,其主要支柱是开发公司资源的潜力和提高其利用率。随着资本需求的下降,企业将被鼓励把债务维持在更稳固的水平,企业将主要依靠自身的积累来发展。实施稳健型财务战略的企业将保留越来越少的利润,并采取更多的现金股利政策。这种财务战略通常适用于公司的稳定时期。

3. 防守型财务战略

采用这种类型的财务战略,需要达到的目标是为企业谋求足够的生存发展空间,防范企业出现比较大的财务危机。基于这种财务战略的指引,企业通常会对内部的机构和人员进行一定精简,把存量的资产最大化地盘活,还会通过提高生产效率的方式来实现企业增收。通常企业会在衰退期采用这一财务战略。

随着企业集团经营环境日益复杂,以及组织形式的变化,金融工具的创新,企业集团自身发展所处的阶段不同,呈现的财务战略也不尽相同。

三、集团财务战略和集团财务管控的依存关系

现代企业集团在全球化的推动下,投资层面逐渐复杂,业务愈发多元化,各级子公司及下属公司分散在全国乃至世界各地,地域、文

化差距甚大,强有力的财务管控可以对企业严加管理,使企业杜绝资源浪费、合理合规经营、有效预防组织僵化等。

财务战略会从财务角度最大限度地支持企业战略,保证集团在涉及重大财务和战略问题上能够统一,在资源最大化利用的情况下,使下属各级公司充分发挥经营自主权,调动其积极性,实现集团整体价值的最大化。

不同的财务战略需要不同的财务管控体系与之相适应,多层次的财务战略就需要多层次的财务管控组织系统,才能保证集团财务战略由设想成为现实。透过财务战略的角度进行财务管控,除传统职能外,更多地参与到企业战略的分析、制定、实施、评价和协调的过程中,作为企业战略的重要组成部分和支撑,使得企业财务管控范围更广。集团公司的多层级组织结构,要求企业站在财务战略的角度来建立财务管控体系,注重财务运营指标、对子公司的绩效评价、管理层评价等。从战略角度出发的财务战略控制,有助于企业优化组织结构,以整个集团作为一个大的价值链来审视企业的业务活动和下属公司,规范责、权、利的体系,对核心管理流程进行梳理。

四、西方财务管控理论的发展

20世纪初,财务管理逐渐成为一种独立的企业管理手段和研究方向。1952年,Harry Markowitz发表了一篇题为《投资组合选择——投资的有效多样化》的论文,开启了现代证券投资理论的研究,被后世称为现代金融理论历史上的一个里程碑。这是第一个利用风险资产的预期平均回报率和方差所代表的风险来解决投资组合和资产选择问题的论文。投资组合理论的问世也表明财务管理理论形成了一个独立的研究方向,从经济理论中慢慢剥离出来。

通过对西方财务相关理论发展过程的深入研究分析,大致可以分成三个阶段。

第一个阶段:财务相关理论的起步发展阶段,主要包括传统理论、净利理论、营业净利理论、资本结构理论(MM理论)等。MM理论是由Franco Modigliani和Merto H. Miller等人于1958年提出的。

MM理论指出公司的基本获利能力和抗风险能力对公司的总价值起着决定作用,因此,企业价值是固定不变的,不会随着企业的资本结构在其他组成部分和债务权益之间的划分原则和方式上的改变而变动。

第二个阶段:伴随着证券市场的蓬勃发展,涌现出新的财务理论体系,重点是对投资组合的风险和报酬进行研究并以证券市场为导向。其中,以资本资产定价模型(CAPM)最为典型,它是由William Sharpe、John Lintner提出并深入研究的,这极大地推动了财务理论的进一步发展。其中,有效市场理论、资本资产定价模型(CAPM)、投资组合理论、期权定价等一系列模型是第二阶段的主要理论研究成果。资产组合当中,风险与收益之间存在的关系在CAPM模型中得到了系统的分析论证,而且明确分析了如何区分系统性风险和非系统性风险,创造性地提出了运用分散投资的方式来有效降低存在的非系统性风险,使资产组合理论发生了巨大的变化。《期权定价与市场有效性检验》于1972年5月由F. Black和Myron Scholes在《财务杂志》上发表,提出了股票期权定价模型(Option Pricing Model, OPM)。西方的财务经济学研究领域在布莱克和斯科尔斯提出了新的模型之后,出现了一股"期权研究热"。

第三个阶段:1980年以后,西方的财务理论呈现出一种统一的态势。各式各样的财务理论基于Arrow-Debreu的一般均衡理论架构得到了长足的统一发展。Rubinstein和Leland于1992年研究出了一种新的金融衍生资产,即证券保险。他们认为选择权的套期保值可以在投资组合管理模式上有效地运行,这极大地促进了财务理论的实践应用。

第四节　价值管理与价值创造理论

美国的管理学者Ken Blanchard是最早对价值管理进行研究的学者之一,现代的企业管理者把价值管理视为企业管理的核心内容。

价值管理的相关理论从根本上来说是一种具有重要战略意义的管理思想。它的主要目标是最大限度地创造更多价值的增长极，它包含企业经营管理的方方面面，主要是从企业的全局出发，而不单单是作为企业的某种职能管理部门而存在。要实现企业价值创造的目标，必须要有科学的管理模式和有效的管理工具作为支撑。

1958年，基于现金流量的价值评估体系在企业价值这一概念出现后不久被正式提出，这一重要的价值评估体系为以后的价值管理理论的持续研究奠定了基础。

一、价值管理理论

价值管理是公司领导层通过制定一系列利于公司长远发展的战略决策，来最大限度地实现股东价值利益最大化的一种管理模式。价值管理不是一个简单的局部管理，而是要贯穿于公司的整体战略和日常经营决策中的每一个细节，把企业管理流程从着眼于历史的控制转变为着眼于未来的增值，并且在这期间应当将"从现金流量最大化开始，到股东利益最大化，最终实现企业利益最大化"这一价值创造路径进行客观遵循。比较经典的价值管理理论主要有有以下两种。

1. 基于价值的管理（VBM）

1980年，一种新的管理模式VBM在美国企业界出现。该理论诞生后，得到了麦肯锡咨询公司的大力推广和应用。VBM注重价值创造，强调企业经济价值的提升，更注重企业核心价值的培养和共同信念的巩固，为企业持续的价值创造提供动力。

随着VBM的不断发展，如何使VBM和组织文化之间产生有机结合成了现阶段的主要问题。如战略规划、公司的资本配置和重组、评估绩效和薪酬的规划逐渐融入VBM以内，成为计算股东价值的更广泛和更完整的方法体系，为利益相关者提供利益的最佳评估。价值管理通常包括以下六个基本步骤。

（1）选择增加股东价值的具体内部目标。

（2）符合具体目标的战略和组织设计。

(3)基于战略和组织设计将能够在经营中产生价值的业绩变量以及驱动因素进行提取。

(4)根据价值动因分析进行优先级划分,并且确定出业绩计量指标,制订具体的行动计划并确定目标。

(5)评估行动计划实施的成功程度,并进行组织和管理绩效评估。

(6)根据现有结果,及时评估组织内部目标、战略、计划和控制系统的有效性,并在必要时予以修订。

2. 价值链管理

美国哈佛大学 Michael E. Porter 教授提出了价值链理论。价值链是一个反映企业所有相辅相成却又相互区分的生产经营活动的价值创造的动态过程,包含基本活动以及辅助活动两大部分。基本活动包括内部物流、生产和运营、外部物流、营销和服务,构成了公司的基本价值链,揭示了公司的价值创造过程。

价值链理论认为,创造价值以及支持整个过程的活动的集合就是企业,因此,如果对这一系列内部活动进行有效的管理和组织,那么企业的发展就有更多的优势。从这个角度来看,企业进行价值创造的整个过程,实质上就是这些既有区别又相互联系的增值活动的组织过程,因此,价值链理论的诞生和推广为企业的发展提供了一种新的理论及实施方法。

二、价值创造理论

价值创造理论的研究对象主要针对企业经济利润的产生方式,经过近几年的发展,还扩展出了企业能力理论这一最新成果。本书将企业价值创造理论的历史发展进行了整理和概括且划分为四大部分,即古典利润理论、"创新"理论、新古典利润理论以及企业能力理论。

古典利润理论最早是由穆勒(John Stuart Mill,1848)提出的,他在著作中对利润三要素理论进行了详细的论述。该书中的利润不是通常所说的经济利润,而是监督工资、有风险的报酬以及自有资本的利息,这就是其所谓的利润三要素。这三个要素具体来说就是指企业所有者在企业运营过程中所投入的自由物质资本、人力资本以及机会成本等。John Bates Clark 以 John Stuart Mill 的理论研究作为基础,进行了更加深入的研究,他将企业的利润进行了新的定义,认为利润是超出利息的一种剩余。Joseph Alois Schumpeter 曾提出"创新"理论,在该理论中,经济利润和资本利润被明确地进行了区分,并将经济利润的归属者列为在企业中成功进行创新活动并取得成效的人们。然而,Joseph Alois Schumpeter 对于利润的来源仅仅局限在单一产品,对于"企业若不断创新出更有成效的新组合就能避免由兴到衰"这一现象却没有做出解释。新古典利润理论是以 Léon Walras 的理论作为基础的,瓦尔拉斯仍然奉行静态均衡观念,因此新古典利润理论也是一种单一产品的利润理论。在新古典利润理论中,如果以基本竞争模型作为假定,一旦各个厂家之间为了追求利润而进行竞争,那么最终的结果就是单一产品利润会越来越趋近于零。企业能力理论研究对象发生了改变,不再是以前的产品,而是转变为了企业。该理论认为,一个企业自身拥有的能力、资源和知识是企业不断成长的动力,且这些内生属性才是企业发展的最根本原因。因此,若想使企业不断发展和成长,一个重要的手段及动力就是从企业内部进行知识与能力的构建。学者们关于企业能力理论的研究主要包括资源说、核心能力说、知识基础说以及成长技术说等。

三、企业价值创造的衡量

对于任何一个企业来说,其最终的目标都是在满足市场需求的同时为自身创造更多的价值,因此,对企业价值创造能力的衡量越来越受到重视,这也逐渐成为对企业业绩进行评价的一个重要环节。从当前的环境来看,众多的价值创造能力衡量指标中,经济增加值和平衡计分卡应用最为广泛,两者相互区分又相互联系,并且各有所长。

1. 经济增加值

经济增加值(EVA)是由美国的思腾埃斯公司在 1989 年提出的,

该公司应用这一指标并向其他企业进行了推广,这一指标的基本理念是,对于所投入资本产生的收益,至少应当对投资者的风险进行补偿,即股东赚取的收益至少应与类似风险的投资回报收益率相当。EVA 对企业利润存在的规则性失真进行适当调整,无疑是衡量企业价值创造的理想指标。其公式为

$$EVA = NOPAT - TC \times WACC$$

式中,NOPAT 是指该报告所述期间公司调整后的营业净利润;TC 是指调整后的总资本;WACC 是一家公司的加权平均资本成本。EVA 的调整主要是为了消除稳健会计、盈余管理行为和以前年度会计差错对会计利润的影响,并真实反映公司的业绩。EVA 评价体系的优势在于将有效的业绩衡量与企业激励集中起来,据此企业的业绩传达和价值创造之间相互作用形成循环的关系,在一定程度上可以解决机构的问题,从而使企业创造更好的价值。

2. 平衡记分卡

平衡记分卡(Balanced Score Card,BSC)这一指标最早是于 1992 年由哈佛商学院的教授 Robert S. Kaplan 和复兴全球战略集团创始人 David P. Norton 提出的。这个指标最初是为了解决业务实践中的问题而设计的,分别从财务、客户、内部流程、学习和成长这四个维度对业务绩效进行综合而全面的评估,因此,它使企业不仅能够追求财务结果,而且能够关注影响其未来增长的因素。BSC 不仅是财务指标和非财务指标的集合,而且是一个用指标体系来整合公司的业务模式,在财务与非财务的衡量、短期内的主要指标和长期目标、外部和内部的性能之间进行平衡。所以,完美的 BSC 是企业战略目标与利润因素的集成,它是一个全面的绩效考核体系和战略管理体系。

这种绩效评估方法非常适合价值管理。它打破了传统的财务指标统计形式,改变了现状合并因素的影响,只注重企业内部影响因素的状况也因此发生改变,同时考虑到外部因素竞争力的影响,从战略意义上引进研究、开发以及人力资源,使得公司的长远竞争优势获得提升。

第三章 建筑企业集团财务管控模式选择

第一节 建筑企业集团财务管控现状

一、建筑企业集团财务管控存在的问题

我国建筑企业集团有着非常强大的资本实力,在我国产业结构中占据非常重要的位置。目前,母子公司资本连接普遍增强,管理机制较为成熟,并随着市场经济发展不断调整自身功能定位。但是,建筑企业集团的财务管控大都存在着一些问题:集团下属的各个子公司彼此之间的财务模式不透明、资金管控较为分散、缺乏财务信息交流机制、内部审计和监督防范不严谨、集团战略实施不够明确以及缺乏核心竞争力等,从而导致整个建筑企业集团财务模式较乱,对外投资和对内支出尚未得到有效控制,这些问题影响了集团未来经营战略的有效实施,同时也对企业集团资本价值的提升造成了严重影响。

1. 下属公司财务管理制度分权

下属各分公司、子公司在财务管控上过于分权,从而导致了财务管理"各自为政"的情况。比起建筑企业集团的资本价值最大化,下属公司更多的是追求自身的利润提升,甚至不惜采取错误的方式,进而在错乱目标的驱使下使企业集团的管控失效;部分子公司、分公司违背原有的财务管理制度,私设小金库、账外账等来追求"利润提升";违规调整资本结构,通过大规模举债来增加企业资本,甚至还会违规进行高风险投资,使得整个建筑企业集团的财务数据核算失真,对子公司、分公司的财务管理失去控制,衍生出集团财务风险隐患。

2. 集团整体资金管控分散

各个下属公司在会计期间内的经营通常都会有集团要求的"考核目标",但在某些利润不理想或存在竞争的期间内,为了能够完成"考核目标",下属单位的经营者或管理层会利用职权对财务会计人员的工作进行干扰,强制要求其违背会计准则和制度,增加会计利润或减少亏损数值。在这种情况的作用下,部分集团的下属公司会对自身的资金管理严格控制,甚至严格保密,力图不受或者稍微受到建筑企业集团的控制,进而造成了在集团内部各个分公司、子公司分别管理资金,集团整体资金管控分散的情况发生,影响了集团整体财务核算,导致财务战略制定不正确,影响了未来发展。

3. 财务管控监管失效

我国建筑企业集团在信息化方面存在以下不足之处:一是在全局的需求规划方面还存在漏洞,目前还是以局部业务为主进行规划;二是集团信息数据化程度还比较低,各个子公司数据独立,缺乏统一管控;三是信息化整合程度不够高,缺乏互联互通,无法全局共享交流各个子系统的信息数据。

企业集团对财务管控的监管力度还不够,在新的会计准则实施后,虽然企业对财务管控的力度已经加强,但仍然存在监督失控问题。有些建筑企业集团对财务管控依然缺乏内部控制的动态管理，往往只对事后进行控制，而缺乏同样重要的事前预算控制和事中流程控制。对于建筑企业来说，建筑项目实施前的成本预算没有可靠控制，项目实施过程中没有随时进行对比分析，项目结束后也无法确切评价。

二、建筑企业集团财务管控失效的原因

首先，建筑企业集团母公司通常并没有对下属子公司和分公司财务管理等工作的权利权限分级下放，而选择了"要权授权，全权自理"的模式，也并没有制定切实可靠的监督制度对其进行监督把控，仅仅让下属公司自行经营、自行管理、自行控制、自行监督、自行审核，这就直接造成了子公司、分公司互相竞争攀比、徇私舞弊甚至造假乱纪的"表面上""优秀的"完成集团要求的目标。

其次，在内部竞争和权利分散的共同作用下，信息无法在全局进行准确传递，从而导致集团信息漏洞较大。另外，各子公司、分公司发展速度不一致也使其数据化程度不甚相同，无法在集团内部对其进行统一的管理与控制。对于集团下达的战略指令，各分公司、子公司在信息交流缺失的情况下也很难相互配合。

最后，建筑企业集团存在些许认为财务管理对于企业发展来说并不重要的错误观念，这种观念导致财务人员话语权不足，使其对下属各个分公司、子公司的财务管理控制工作造成影响，下属公司也会随之认为财务工作不重要，对于财务管理所需的资料数据也不够重视，存在滞后和错误的现象，使建筑企业集团的财务报表无法精确计算出结果，从而影响事后分析和管理模式调整。从财务人员的角度来说，各子系统配合不甚默契，使得获取基础数据较为困难，人事部门、仓储部门等也往往没有准确地向财务人员报送数据，造成财务部门无法准确知悉公司成本发生情况，集团无法计算各下属公司工程

预算的总成本和剩余成本,导致项目的成本费用不准确,进而影响建筑企业集团的总体分析。

三、建筑企业集团加强财务管控的必要性

建筑企业集团进行财务管理控制的核心是集团的资金流动和财务信息的收集,前者是整个建筑企业集团能够正常生产经营的必要条件,后者是其在未来能够有所发展的战略数据支撑。加强财务管理控制能够保障建筑企业集团的资本安全,提高周转效率,进而维护集团的资产结构和根本利益。与此同时,根据所收集到的信息对建筑企业集团的资本进行"收"与"支"两个角度的共同管理控制,借此更好地分配和回流企业经营资金。

建筑企业进行集团财务管理控制的重要载体为内控制度。建筑企业集团若想完美达成财务管理控制目标,就需要从管理控制思维和管理控制规范两方面入手来制定切实可行的内部控制制度和财务管理控制制度,然后通过制定的制度来制约建筑企业集团的各个分公司、子公司、工程局的全部财务控制管理活动,并从内向外加以控制,寻求最符合该子系统的财务管理控制模式,从根本上改善整个建筑企业集团的财务管理控制环境和范围。

建筑企业集团的财务管理控制如果能够良好实施,会极大地提升建筑企业各子系统经营活动的资金管理效率,并且能根据未来变化和突发情况及时对事前预算、事中控制、事后分析进行调整。这一措施也会对企业资金的流动程度和使用程度带来非常大的改变,在加强资金安全保障程度的同时,还能对企业财务战略进行高速、有效的管理。

从财务会计的角度来说,有效的建筑企业集团的财务管理控制对集团制定统一的会计核算决算体系起到至关重要的作用。统一且完善的会计核算决算体系能够帮助财务会计人员统一整个建筑企业

集团账目和会计科目,解决会计政策不相同和数据库不一致的问题,进而保证会计体系和财务平台在集团内部对所有子公司、分公司的财务核算即时把控、有序整合。

第二节 影响财务管控模式选择的因素

财务管理控制模式通常有集权制、分权制和混合制三种。建筑企业集团在选择其财务管控模式时会受到众多因素的影响,企业市场经济所处阶段不同,受到的影响也不尽相同。对于建筑企业集团来说,在集团组建的层次结构、集团内部的产权结构、集团所依据的发展战略、集团规模等因素的共同作用下,直接或间接地影响了财务管理控制模式的选择。

一、集团组建的层次结构

建筑企业集团通常有从上到下、从下到上和事业单位转制成企业三种组建方式,对应的组建方式不同,导致集团内部母公司和下设企业的关联程度不同,从而分为不同的结构层次,进而使得不同层次的权力职能存在差别。建筑企业集团的母公司处于整个组织结构的中心地位,需要对整个集团的财务业务进行综合管控,应该采取完全集权的财务管理控制模式来对整个集团进行监管。

二、集团内部的产权结构

建筑企业集团内部的产权结构有两种,一种是企业合并或相互入股而形成的横向产权结构,这种产权结构的企业拥有同等地位,另一种是单个或几个中心企业通过控股与被控股的方式渗透到其他企业中的纵向产权结构,拥有这种结构的企业之间是母公司与子公司或分公司的关系,互为上下级关系,上级企业对下级企业有足够的权力进行把控。财务的管控体制正是在某些特定的产权条件关系下处理各个企业之间的权利与义务关系,从功能的意义上来说,集团内部的产权结构是影响财务管控模式的根本因素。

三、集团的发展战略

建筑企业集团的发展战略是其未来发展方向的领航标志,所以,在选择财务管控模式的时候,企业集团的发展战略是不可或缺的因素。如果该建筑企业集团在不断进行产业扩张,那么应该优先选择分权型的财务管控模式,将权力下放至扩张企业中,调动其活性,促使子公司向外扩张;反之,若该建筑企业集团采取保守的发展战略,则需要加强母公司的中央集权,对整个集团的财务业务加强整体把控,所以要采取集权的财务管控模式,只将小范围权力下放至子公司和分公司。

四、集团规模

建筑企业集团的规模大小对于财务管控模式选择的影响主要取决于集团母公司的管理范围和权力范围的大小。建筑企业集团的规模包括业务和区域两种类型,规模越大,则集团上级管理控制难度就越大,成本也越高,某些层面上甚至会分散已经整合的资源。所以,在规模过大的建筑企业集团中,分权管理的模式已经成为必然。例如,工程局按地域或业务进行分权管理,这种方式在很大程度上减轻了母公司对下设过多的子公司以及分公司的财务管理控制的负荷。所以,建筑企业集团的规模大小也是选择财务管控模式的必要因素之一。

第三节 基于内部控制与 EVA 指数的实证检验

一、研究假设

企业内部控制的成效与其实现持久发展的战略目标有着极大的关系,企业内部控制的合理实施与管理是企业可持续发展的根本保证。而企业内部控制的成效以及结果是比较抽象的因素和指标,如果只使用目前观测到的数据是很难衡量的。所以,为了证实企业内部控制的真实性和有效性,本书将运用经济增加值(EVA)来衡量价值创造能力并通过提取建筑企业年报中所披露的内部控制信息来做进一步的实证研究。

假设一:注册会计师审计意见与 EVA 指数呈正相关。

假设二:企业合法合规与 EVA 指数呈正相关。

假设三:企业未出现差错重述与 EVA 指数呈正相关。

企业的合法合规性是企业立足市场的硬性条件之一,这也是企业内部控制的一个重要指标。企业存在违法的行为,必将会受到诸多部门的稽查与刑罚,同时在某种程度上也透露出企业的内部控制出现了严重的漏洞,而出现此状况最基本的原因就是企业内部管理对风险的防范意识较为薄弱。无论是企业管理层还是基层,在某些工作环节上必定存在着多项漏洞,从而造成了企业内部管理的失控,最终导致企业在某方面违反了法律,致使企业受到有关部门的惩罚。这种状况的出现直接表明企业内部管理较为松散,内部控制力度较为薄弱。而企业并未出现违法行为时,在一定程度上可以认为其内部控制基本有效。

企业之所以出现重述的差错,是因为其内部控制进行了差错的调整。这种差错调整的出现是由于企业在进行内部控制信息披露时,企业相关者无意或者有意对其进行部分规避或隐瞒,导致披露的信息与企业实际情况产生了极大的矛盾。这种规避和隐瞒的原因有许多,总结如下:首先是由于工作人员的疏忽,对该项工作的经验不足、完成能力不强,导致企业信息披露不全面而产生了矛盾。其次是部分相关者存在着故意隐瞒、以权谋私的心理,不愿对企业信息进行彻底透明的披露,从而出现了企业信息披露的差错重述。而企业差错重述的频繁出现,往往会对企业的形象产生严重的不良影响,使投资者不能正确地获取企业信息,更有可能对企业产生一定的危机感,认为企业可能存在着极大的风险,进而影响企业的整体发展。

二、研究设计

1. 样本的选取

出于数据的可获得性的考虑,选择截止到2019年建筑业的上市公司作为样本,经过查找相关网站、各企业的投资者关系及上市公司情况,共得到141家样本企业。其中,房屋建筑业12家、基础设施建设30家、建筑装饰行业24家、园林绿化行业30家、钢结构行业10家、石化冶金矿山工程行业10家、国际工程8家、其他行业17家(包括智能建筑、建筑安装、环保水处理、岩土工程、地基工程、金属屋面工程、特种施工、洁净室工程等)。

2. 变量的选取

本书所选取的变量包括1个被解释变量、3个解释变量以及4个控制变量,变量的名称及含义见表3.1。

表 3.1 变量定义表

变量	符号	变量含义
被解释变量	EVA	企业的经济增加值变量,衡量企业的价值创造能力
解释变量	X_1	注册会计师审计意见
	X_2	企业是否合法合规
	X_3	企业是否存在前期差错重述
控制变量	RATE	企业的股权结构,此处指代企业资产负债率
	YEAR	企业的创业年限
	SIZE	企业的资产规模
	PRO	企业所属行业,是否为建筑业

(1)被解释变量的选取——EVA。基于前文关系的建立,本书选取 EVA 作为被解释变量,而内部控制有效性作为解释变量。对于 EVA 的计算,严格按照建筑企业业绩考核实施细则的规定进行。计算公式为

$$EVA = 税后净营业利润 - 资本成本$$

(2)解释变量取值方法及取值情况见表 3.2。

表 3.2 解释变量取值方法及取值情况表

解释变量	评价角度	评价标准	取值情况
X_1	缺陷的角度	审计意见	非标准审计意见为 0,标准无保留意见为 1
X_2		企业是否违规	企业违规处罚为 0,未被处罚为 1
X_3		是否存在差错及重述	存在差错调整或重述为 0,其他为 1

(3)控制变量的选取及解释。为了更好地拟合真实模型,并且控制其他因素的影响,本书引入了以下四个控制变量,见表3.3。

表3.3 控制变量取值表

变量	名称	计算及取值
RATE	资产负债率	负债/资产
YEAR	创立年限	各年当前时间 − 首次注册时间
SIZE	资产规模	资产/行业总资产
PRO	行业	建筑业为1,非建筑业为0

三、实证分析

1. 模型的设计

$$EVA = \alpha + \beta_1 X_1 + \beta_2 X_2 + \beta_3 X_3 + \lambda_1 RATE + \lambda_2 YEAR + \lambda_3 SIZE + \lambda_4 PRO + \mu$$

本书应用多元线性回归模型对真实数据进行拟合。

2. 实证过程及结果分析

通过对以上样本数据进行整理,得到了四年的取值情况和内部控制评分情况。通过数据的绝对量和相对量的对比,得出规律和结论。结果见表3.4和表3.5。

表3.4 各年EVA取值情况及企业数目

年份	2016	2017	2018	2019
EVA 为正	100	84	90	110
EVA 为负	41	57	51	31
合计	141	141	141	141

表3.5 各年EVA取值及内部控制变量取值的建筑企业数量

年份	EVA取值	标准无保留意见	企业合法合规	不存在前期差错重述
2016	正	87	85	91
	负	34	36	50
2017	正	87	83	73
	负	44	31	57
2018	正	94	93	77
	负	31	33	61
2019	正	96	99	106
	负	38	41	33

以上表格主要列示了建筑企业在2016~2019年EVA取正负值的数目以及其内部控制在三个变量取正负值时所对应的数目。通过表3.5可以看出,数值为正的建筑企业大部分与三个变量是呈正相关的,而数值为负的企业与三个变量是呈负相关的,并且不如前者。表格显示,数值为正的企业内部控制更为有效,反之,数值为负的企业则较差。数值为正的企业也说明了其内部控制基本上较为合理严格,并没有严重的漏洞与缺陷。所以,根据以上数值可以看出,企业的内部控制与三个变量存在着必然的联系。

本书使用多元线性回归模型进行最小二重估计的研究方法,得到的结果见表3.6。

表 3.6　多重共线性检验结果

年份	2016		2017		2018		2019	
变量/指标	可容忍度	膨胀因子	可容忍度	膨胀因子	可容忍度	膨胀因子	可容忍度	膨胀因子
审计意见	0.933	1.072	0.815	1.226	0.756	1.322	0.860	1.162
合法合规	0.951	1.052	0.851	1.175	0.837	1.195	0.938	1.067
差错重述	0.971	1.029	0.970	1.031	0.920	1.087	0.933	1.072
资产负债率	0.893	1.120	0.885	1.130	0.827	1.209	0.774	1.292
年限	0.923	1.084	0.953	1.049	0.892	1.122	0.861	1.161
规模	0.884	1.131	0.924	1.082	0.848	1.179	0.831	1.204
行业	0.910	1.090	0.926	1.081	0.888	1.127	0.888	1.126

以上数据结果显示，四年中各指标的可容忍度均在 0.7 以上，且均大于 0.10；膨胀因子均在 1.4 以下，且均小于 10。这说明模型中不存在严重的多重共线性，可以满足最小二乘法的假设条件。而对于异方差的检验，我们利用 EVIEWS 6.0 进行怀特检验。怀特检验的原理是假设不存在异方差，以残差 μ 的平方为被解释变量，以所有解释变量、控制变量的一次项、二次项、交叉二次项为解释变量建立模型。若模型的 F 值大于临界值，则说明该模型显著，模型中的解释变量会显著影响残差的平方，那么将拒绝原假设，认为存在异方差；若 F 值为小于临界值，则说明该模型不显著，残差平方与解释变量均无关、系数均为 0，那么说明数据不存在异方差。通过对数据进行怀特检验，我们可以得到以下结果，见表 3.7。

表 3.7　怀特检验结果表

年份	F 值	P 值
2016	12.620 37	0
2017	3.826 495	0
2018	3.058 036	0
2019	15.869 14	0

通过怀特检验,我们可以看出,数据存在明显的异方差特性,如果利用普通最小二乘法进行回归,很可能会无法通过多元回归模型的 F 检验及 T 检验。所以,针对此种情况,不能再应用最小二乘法进行估计,而是采用加权最小二乘法。加权最小二乘法是通过建立权重序列,并将权重序列与各个观测值相乘,进而利用变形之后的模型进行普通最小二乘法的回归。

从以上汇总结果来看,数据主要呈现以下特点:

内部控制的有效性变量中,能够表现出较大的相关性,基本可以显著地呈正相关,但从四年整体情况来看,总有一些负面因素存在。这说明企业内部控制对企业价值以及创造能力有着正相关的联系与影响,但是这种联系是不能够预计的,企业内部控制虽然有效,但仍会随着企业在正常的生产经营中发生的某些因素产生负面的效应。建筑企业的资本机构经历了三年的负相关,在 2019 年呈正相关,这说明建筑企业的资本结构在这几年的发展中得到了改善。但是这并不能说明建筑企业的资本结构已然合理,所以建筑企业仍应重视在资本结构方面的构建。

四、实证结论

通过以上分析,在验证假设并否定某些假设后,一些问题也随之浮现出来。

根据上文的比较与分析,建筑企业的负相关性只出现在2018年,其他三年均为正相关,对于这种结果,建筑企业的内部控制需以价值管理服务为核心建立清晰而明确的目标。

企业规模与其内部控制呈正相关,上述数据也显示了企业规模的扩大,并非只是带来资本成本的增长,也会促进企业整体发展。认为规模扩张会带来内部控制有效性的降低,这种观点是不正确的,如果企业以迅速缩减企业规模来提高内部控制的有效性,必定会遏制企业的长期发展。

第四节 建筑企业集团财务管控创造价值的路径

为了建筑企业集团能够制定与选择最优的财务管理控制模式,实现集团的财务价值最大化,建筑企业集团财务管控迫切需要新的创造价值的路径。在本节中,在经营过程预算、资金集中管理、财务信息化建设、内部审计、内部控制和人才队伍的建设六个层面对建筑企业集团财务管控的模式进行了优化,希望能够对集团母公司、子公司、分公司未来的经营和发展带来积极作用。

一、加强监督的全面预算管理

建筑企业集团的各子公司、分公司是进行生产经营活动的主体。母公司要牢牢抓住项目成本预算和现金流量预算,在保证建筑企业集团战略计划的大前提下,实施以集团母公司为中心的全面预算管理模式,对于下属子公司、分公司生产经营全面预算的管理实施严格把控。

母公司在会计期间开始时,应当根据各下属系统实际情况审理制定其战略目标,可以通过成立专属部门对子公司、分公司的预算情况和战略目标制定情况进行严格监督。同时,还要在保证合理、可操作的前提下采取"自上而下"的方式,对分公司、子公司的生产经营全过程的利润、成本计算严格把关,还可以实行全面预算来降低经营成本。

为了使虚假报账、夸大盈利的情况不再发生,可以兼顾母公司和下设企业的共同利益,制定合理的利润分配政策,提出可持续性的、稳定的利润上缴指标,改变原本的子公司、分公司营业利润不上缴的情况,由母公司对子公司、分公司部分利润进行直接管理。另外,为了给予相应补贴,可以由母公司承担相应比例的成本,这样母公司不仅可以对子公司、分公司的营业利润进行全过程计算,还可以同时对其成本结构严格把关,母公司自始至终都可以按照财务指标要求对子公司、分公司的经营活动进行指导,还可以根据全面预算管理进行成本偏差分析。

二、探索可行的资金集中管理模式

为了避免集团内部各子公司、分公司分别管理资金、集团整体资金管控较为分散的情况发生,建筑企业集团应当根据集团目前财务管控上的问题和集团未来的发展需求,依照完整、安全、效益等要求对资金的集中管理模式进行改进。

首先应当汇总整理建筑集团母子公司整体的已收款和应收款,设立专门账户进行管理,并且对所有企业购、销等多方面费用进行严格监管,并应用专门格式的纸质资料对其进行连续编号,核算账实是否相符。如不相符,要做到能够第一时间查明原因,切实解决。

其次,针对建筑企业集团整体银行存款、现金及现金等价物的管理实行控制,保证其库存现金量符合要求标准,在满足法定限额的同时,在集团内部也要做出规定,采取全面的资金集中管理模式,降低资金风险。

最后,建筑企业集团母公司应该对子公司、分公司资金收支额进行限制,综合考虑各下属公司的经营情况和财务状况,在对其资金进行整体预测的前提下制定限额标准,对超过限额部分及时采取措施,加速资金回笼,提升企业集团资金管理控制效益,对重大的项目或者经营业务的资金使用过程全局监管,使得资金管理模式达到高度集中化。

三、推进财务信息化建设

建筑企业集团的现代化很大程度上取决于财务的信息化建设。为了保证财务信息在集团内部互通,首先需要了解各子公司、分公司的财务状况和需求,综合考虑之后,可选择建立财务共享中心的模式,使其了解各个公司、各个部门的需要,然后将系统联网运行,实现财务信息的集中管理、即时反馈。

推进财务信息化建设不仅要动态掌握所有信息,还要多角度对获取的信息进行分析研究,得出结论并及时反馈至信息部门,还可以对财务信息数据进行加工与处理,供财务报告的使用者查阅。为了使集团在未来的资金核算、信息共享、全面预算等多个环节体现出优势,集团也可以根据实际情况增加边际利润模块和预先警示功能等,以提高集团财务管理控制的竞争力。

从建筑企业集团多元化方向考虑,还要对财务共享中心设立模式转化功能,防止子公司或分公司在市场经济作用下面临转型后无法进行财务信息交流的问题。可以设立专职部门来维护信息系统,随时按要求制定新的功能,保障在任何自愿或非自愿的情况下导致的企业产权结构变化都能够在第一时间重新选择最合适的财务信息模式,更好地适应财务信息交流状况,保障建筑企业集团财务信息规范、有序运转。

四、加强内部审计监督防范和控制财务风险

切实有效的内部审计是建筑集团财务管理控制模式实施的保障,原本的内部审计监督流程随着企业战略调整或大环境的变化逐渐出现纰漏,所以,内部的审计与监督都需要按新的要求及时进行调整。从集团层面来讲,建筑企业集团董事会可以下设审计委员会来保障内部审计的独立性与规划性。在子公司层面上,内部审计委员会也要在各个子公司成立,以便直接接受总公司的审计指导,并自主培养内部审计人员。

从综合角度来讲,内部审计人员所出具的审计报告是对母公司及子公司所有经营管理层面的行为进行监督和评估后出具的具有可靠性和独立性的文字资料,可以提供给管理层作为制定战略决策的依据,也可以提供给财务部门进行参考与总结。

与此同时,齐全且精确的内部审计报告可以反映建筑企业集团的财务风险状况,帮助集团了解自身财务风险并提取经验,对自身风险状况进行分析,对未来风险进行预估,对现有风险进行规避,从而有效地控制企业财务风险。

五、优化内部控制建设,确保实现集团战略

为了进一步提高企业内部控制质量,建设良好的环境氛围,规避财务和经营风险,对建筑企业集团内部控制建设要制定优化步骤和策略,来保证内部控制制度可以满足企业母公司、子公司的内部控制要求,对于在内部控制建设过程中的问题能够及时地发现、改进和完善。

优化内部控制建设还可以增强内部控制的过程监督,通过对贯穿于建筑企业集团母公司、子公司、分公司各自业务的预算分析和资金运动等重点环节的有效性和全面性的监督,在"事前、事中、事后"

三个角度对企业集团的财务工作实行内部控制,构架有效的动态监督体系。

内部控制的存在让整体的经营环境逐步向好的方向发展,如果能长期保持这种财务环境,就能够较好地处理管理过程中存在的"灰色地带",进而严格按照法律法规和企业规章制度执行工作职能,能够在根本上满足建筑企业集团的战略要求,达到战略实行的最高标准,有利于集团实现战略部署。

六、加强财务人才队伍建设,提高核心竞争力

为了使建筑企业集团拥有优质的财务人才,可以采取与高校联合培养的方式,建立培养计划,由现有员工轮岗对联合培养的大学生进行多种财务技能教育,发现其潜在的优势来重点提升,作为企业潜在人才库,为企业注入活力。与此同时,还要对现有的财务工作人员实行严格的考核制度,避免现有人员长期工作后出现倦怠的情况,鼓励员工不断更新、提高财务专业知识技能,以适应建筑企业集团不断变化的发展需求,并可随时根据技能择优重新分配岗位。另外,对不能胜任岗位要求的财务人员,也要采取相应的惩罚机制。

更为重要的是,要在建筑企业集团内部强调财务与经营同样重要的理念。下设企业的财务人员可以由母公司委派,人事关系依然归属于母公司,由母公司单独授权、指导、任免,被委派财务人员也可以直接参与子公司的经营管理,了解财务动向并及时汇报,方便母公司正确决策。在强调其重要性的同时,也要保持财务工作的独立性,从而避免财务人员与下属企业的纽带关联,有效防止财务信息虚假失真。采取这种管理方式,不仅可以使人员价值最大化,而且可以使建筑企业集团未来发展的核心竞争力有所提升。

第四章 建筑企业集团全面预算管理与控制

第一节 全面预算管理概述

通过几个世纪的理论研究和国内外的不断实践,财务管理从简单的预算管理发展到如今的全面预算管理,帮助企业进行长期战略规划,完善企业内部控制体系,促进企业建成战略目标,成为企业价值增值创造的基石。全面预算管理反映了一个企业集团无论是公司层面、部门层面甚至细分到员工层面,都要制定全方位、分流程的预算计划,以此控制企业的成本、资金等资源的管理与运用。

一、全面预算管理的含义

全面预算管理(Total Budget Management),即为总体预算管理。全面预算管理是指企业在未来某一特定时期内的经营周期,以经营目标、战略规划和资源配置为基础,将企业集团内各单位的业务、资金和信息进行整合,实现企业价值最大化的一种管理方法。它通过编制控制过程和制定控制指标来建立一个适合集团发展的管理体系。在整个过程中,全面参与的控制体系通过运用资本指标控制企业资源的合理利用,提高资本利用效率,促进企业经营质量的提高,实现企业价值创造。同时,全面的预算管理能够提高建筑企业集团的成本控制效率,以制定成本目标的形式,避免出现资源使用效率低下的问题,帮助企业资金管理稳定有序进行。财政部于2002年发布的第102号文件《关于企业实行预算管理的指导意见》中已经明确给出了预算管理的定义:预算管理是利用预算对企业内部各部门、各单位的各种财务及非财务资源进行分配、考核、控制,以便有效地组织和协调企业的生产经营活动,完成既定的经营目标。

二、全面预算管理的基本内容

全面预算借助企业内部各单位、各部门的勾稽关系,在公司内部形成一种既有联系又存在制约的控制体系。全面预算按照内容分类,主要分为经营预算、专门决策预算和财务预算。

1. 经营预算

经营预算(Business Budget)是指企业在预算期内,对未来日常经营期间将发生的实质性基础经营活动的预算。其又可细分为销售预算、生产预算、期间费用预算、其他经营预算、供应预算等。企业在日常经营活动中为所形成的产品或是销售劳务而编制的预算即为销售预算。生产预算是指企业在为达到某一项工程目标而发生的制造活动或劳务活动而编制的预算。经营预算项目的具体内容见表4.1。

表4.1 经营预算项目内容

经营预算项目	具体内容
销售预算	销售收入预算、销售成本预算、应收账款预算等
生产预算	直接材料预算、直接人工预算、制造费用预算等
期间费用预算	管理费用预算、财务费用预算、销售费用预算等
其他经营预算	资产变动预算、应交税费预算、计提折旧预算等
供应预算	物资材料采购预算、物资材料存量预算等

2. 专门决策预算

专门决策预算(Specialized Decision Budget)也被称为投资预算,一般情况下指的是企业日常经营活动中偶尔产生的预算活动。专门决策预算又细分为以下两个方面。

(1)长期投资(资本)决策预算。指企业对长期投资项目进行审核、规划、评估后而制订的预算计划。从本质上来看,是对长期投资项目进行价值评估,并以此作为依据,预测项目的营运能力能否在未来为企业创造价值,帮助股东财富增值。

(2)一次性专门业务预算。指企业在日常经营活动中,为满足生产经营需要和资本支出需要等特殊业务而编制的临时的一次性预算。

3. 财务预算

财务预算(Financial Budget)是指集中反映未来一定期间内(预算年度)的现金收付、经营成果和财务状况的预算。财务预算项目的具体内容见表4.2。

表4.2 财务预算项目内容

财务预算项目	具体内容
现金预算	反映企业在一定预算期内,现金流入、现金流出以及二者差额的余缺情况,是企业对现金流进行统计、管理、预测的工具
利润预算	根据现金预算表进行编制,反映企业在预算期内的经营成果、利润分配等预算,主要包括利润表预算、利润分配预算
财务情况预算	反映整个预算期内企业整体财务变动情况的预算,包含资产负债表预算、所有者权益预算等

三、全面预算管理体系的特征

1. 全面性

全面预算管理流程致力于打造全方位、全过程、全员介入的预算管理体系。其全面性体现在虽然企业经营涉猎不同行业、不同区域，但都进行了统一指导的预算管理：企业的全部员工都是预算管理的一个组成部分，上下协调，信息层层下发，各部分能够及时高效沟通，不会再出现信息不对称现象。它是业务、财务、资本三方预算联动运作的、企业全覆盖的预算管理体系。

2. 市场性

要依照国家政策导向，遵循市场发展方向，顺应行业发展规律，从企业的长远目标出发，提升企业价值创造能力。重点关注潜在的竞争对手，根据市场动态，及时对市场的变化进行预判并制定应对策略。

3. 战略导向性

预算的制定基础就是企业的战略发展目标，而战略发展目标的制定就是帮助企业合理利用现有资源，使企业能够在未来一定时期内获取更高的利润。因此，战略导向性贯穿了整个预算管理的制定与执行过程，将员工、部门、公司、集团紧密地联系起来，齐心协力为共同的战略目标努力，为企业价值增值提供原动力，稳固企业的行业地位。

第二节　建筑企业集团全面预算管理模式构建

由于建筑企业集团具有跨地域、跨行业、多种产品组合的特点，具有建筑、桩基、装饰、设计、制造、流通、科研、贸易、资本运营等功能，其组织结构复杂多样，所以在集团公司内部，良好地平衡母公司、子公司、控股公司以及参股公司之间的利益便显得尤为重要。因此，建筑企业集团宜构建两权互相制约的组织机构模式。

全面预算管理是一种在企业中取得广泛应用,具有综合性、现代化等特点的企业管理体系,这种模式能够保证企业目标管理的持续优化,并且能够在一定程度上指导企业创造价值增值,因此在企业发展中受到重视并广泛应用。全面预算管理作为企业内部控制的主要工具,具体要素主要包括:预算组织、预算过渡制度、生产方法、预算的保留、预算管理模式、财务控制和对支出的适当控制。

一、预算管理目标的确立

为了建筑企业集团的长远发展,需要确定长期发展目标,而长期预算的依据,是建筑企业集团战略目标的要求和发展规划。为了避免在总的预算过程中出现盲目的现象,可以将不同阶段的预算联系起来。

战略目标是每个业务单元和每个职能单位履行各自的职责和执行情况的依据。各单位应分部门拟定战略目标,将预算款汇总形成集团全面预算,为集团战略目标的实现提供保障。集团战略目标将集团业务活动与各职能部门开展的管理活动联系起来,促进了分工和执行工作,整合了业务部门和职能部门之间的战略目标。预算责任中心负责将不同部门的职能和业务管理的特点汇总整合,起到战略联络点的作用。

为了区分集团各业务单元和各职能部门的职责,将预算责任中心分为利润部门、收入部门、成本部门和费用部门。这样,就构成了运营生产部门收入预算的重要组成部分。预算编制的依据是战略目标和战略规划,预算管理用来保证战略目标的达成,集团的预算目标是以战略目标和计划为基础而确立的。企业集团战略目标的详细表示即为预算目标。为了确保预算管理旨在实现战略目标,基于战略目标和计划,确保集团预算目标的实现,在预算期间,根据对企业外部环境和内部资源的分析,采用科学的方法取得成果。因此,集团预算的制定以集团的战略方针为中心思想,以预算方针为基础思想。

二、建立组织机构

预算管理机构是整体预算管理和财务管理体系的基础,是预算管理过程中至关重要的组织架构。只有建立扎实的预算制度,我们才能成功地实现预算目标。总预算管理机构是指参与预算编制审批以及预算的协调、调整和反馈的组织和人员,其在预算实施过程中,分级有序地制订本级预算计划。然而,预算管理的整体组织水平和组织执行情况并非相互排斥,而是协调与被协调的关系。预算管理的体系与全面预算管理的实施密切相关,只有健全的预算管理体系,才有助于企业顺利实行周全的预算管理计划。

预算管理委员会能够为整体预算管理的顺利进行保驾护航。预算机制的运作至关重要,预算管理委员会负责组织和协调这一机制,因此便体现出这个专设机构存在的必要性。预算管理委员会是一个综合性的审批机构,当然,最终审批通过的预算必须提交董事会审批。预算机构的基本职能是为企业提供最为根本的预算信息和预算体系。预算管理囊括了供给、生产和销售的方方面面,是一种非常全面的商业战略。各部门预算信息须及时提供以保证资源便于协调。

(1)编制预算机构。尽管有关部门单独提供预算信息或预算初稿,但是正式预算的编制仍需专门机构提供,这是由于预算是需要对各种预算信息进行汇总、协调和平衡,并与企业战略目标保持一致,而并非各部门预算的简单汇总。这就需要非常大的工作量和预算专业知识,所以需要一个专门的预算机构。按照经济性原则,考虑到预算体制主要是财务形式的,所以预算编制机构与财务部门和战略规划部门的关系最为紧密,目的是保证预算编制以及控制预算体系的有效实施和质量保障。

(2)预算监控与协调机构。预算的监督单元和控制单元在预算控制中的作用无可替代。有效的监督单靠自己的努力是不够的,还要依靠各部门和成员的共同努力。同时,预算协调除了反映在预算过程中,还在日常管理中发挥着重要的作用。预算协调包括内部自身的调整,还包括内外资源的整合、内部部门与外部单位的协调统一,所以预算协调也应该成立一个专门的职能机构,承担企业共同利益协调预算的责任。

(3)预算反馈组织。预算反馈组织将其职能贯彻到综合预算管理体系中,预算策划、实施、监管三方面的能力与反馈的关系密不可分。预算管理委员会、预算协调机构和预算监督机构发挥作用的必要条件就是完整的反馈体系。预算进程信息归集组织又称为预算执行的流程报告系统,即预算反馈体系,它是预算公布过程的逆向信息流进程,自下而上地收集和报告预算实施信息。因此,它与预算执行体系的设立有所不同,能够根据不同的预算执行机构查找相对应的信息流体系。

三、全面预算管理流程

全面预算管理是一个逐级渗透的过程。这一过程通常包含预算目标的确定、具体的预算编制、有效的预算执行以及对预算的客观评价、奖惩和反馈。

1. 预算目标的确定

全面预算管理根据企业的战略规划制定,结合企业的现实发展状态,将集团的战略目标层层分解,细化到集团每个部门乃至每个员工,制定出科学合理、适宜企业发展的目标。

2. 预算的编制

预算的编制是全部预算管理的核心。因为预算编制的好坏会直接影响到全面预算管理的各个步骤,甚至影响到公司的发展规划和战略方向,所以对这一环节必须要认真对待。预算是以自上而下、由下至上、上下结合的方式编制的。企业需要根据自身的环境和组织结构选择和编制相应的预算模型,并将预算模型与企业进行整合。同时,准确的预算编制方式的选择至关重要,具体有如下方法。

(1)固定预算法。虽然这种方法简单易用,但是当现实业务量偏离预算所对照的业务量时,便失去了预算的基础。固定预算法的适用范围如下:①经营活动相对稳定的企业。②企业经营管理活动中某些相对固定的成本费用的支出。③社会非营利组织。

(2)弹性预算法。这种方法的优点是可以为现实成果与预算的比例提供动态根据;缺点是需要根据市场及其变动趋势预测和评估,将各种费用的固定成本和单位可变成本加以划分,对基本工作的工作量要求相对较高,工作量也会增加。其适用范围如下:①业务活动变化较大的企业。②企业经营活动中与业务量呈线性关系的成本费用。③企业经营活动中与投入呈线性关系的收入。④企业利润预算的编制。

(3)零基预算法。这种方法的优点是不受实际情况的制约,可以合理调配企业资源,提高企业价值。缺点是为了资源有效利用,致使预算编制工作繁重,对人力、物力和财力要求较高,还需较长的预算编制时间。其适用范围如下:①管理基础较好的企业。②政府机关、行政事业单位,以及职能管理部门编制费用预算。

(4)滚动预算法。滚动预算法能够保证预算的连续和完整,但是经由过程动态预算来掌控企业的预算系统,大大增加了预算管理的工作量。企业需要大量专业的预算人员全面负责预算的编制、把控和评价,可能导致预算管理直接成本的升高。其适用范围如下:①管理基础相对较好的企业。②生产经营活动与市场机密接轨的企业。③产品销售预算与生产预算的编制。④规模较大、时间较长的工程类项目预算。

(5)概率预算法。概率预算法能够对任何一个预算变量在预算期内发生的概率做出充分的判断。它的不足之处是:当预算组变量复杂多变时,会增加预算的工作量与烦琐程度,预算构成变量的概率会受到主观因素的影响。其适用范围如下:①企业经营活动波动性一般要大于不确定因素。②市场的供销环境发生较大转变时,制定销售、成本、利润三类预算。

3. 预算的执行

如果说预算的执行不能有效地实现,那么即便预算再周全也不利于企业管理。因此全面预算的执行显得尤为重要。

根据不同的时间可以将预算分解成多个季度和月度预算;也可以将预算分解并同时下达编制,以此完成年度预算;还可以根据内容将预算分成投资预算、财政预算和成本费用预算。但在执行预算过程的同时,必须下达至各部门,这样才能确保预算的有效实施和评估。

在预算管控的实行过程中,难免会出现一些问题。如果预算实行过程中确实出现了误差,则有必要在此时对误差进行分析,并分析误差对整体预算影响的严重程度,要了解它是如何影响整个预算的,并实时采纳恰当办法,尽量改正误差,以削减其对预算的影响。

4. 预算的评价、奖惩和反馈

在预算评价方面,预算评价可根据预算方针分为整体预算评价和各责任中心预算评价。但是在预算评估过程中,一般情况下,只是各级责任中心向一个更高层次的责任中心提交报告,评估、分析、总结的工作由更高层次的责任中心执行,最后提交到企业的高层领导,全面反映企业各级责任中心的预算执行结果。

在计算奖惩方面,经企业预算考核后,给予正面或负面的奖励,以比较最后的考核表现。首先,需要企业在第一时间建立一个科学的赏罚规定并进行公示;其次,科学的赏罚规定才能使绩效考核的结果更好地服务于最后的激励环节;再次,为了避免预算无法发挥激励的作用,要创立多种多样的赏罚方式,建立严格的赏罚制度。

第三节 建筑企业集团全面预算的编制

一、全面预算编制的主要依据

(1) 企业全面战略规划、年度发展目标、阶段性经营战略目标。
(2) 国内外宏观经济环境,行业市场环境、发展态势和相关政策。
(3) 上级单位预算编制的相关要求。
(4) 企业历史数据及发展趋势、本年预算执行情况。

二、全面预算编制周期

年度预算周期为每一年的1月1日至12月31日。在拟订年度预算时,一般需要考虑上年实际发生额和当年预计发生额。例如,某建筑企业集团在编制预算时实行的方案中,当年预计数为编制预算当年前三个季度实际数与第四个季度预计数的整体情况。

三、全面预算编制程序

年度预算制定应遵循"上下统一、分级拟订、逐级汇总、审批实行、查核修订"的整体流程。

每年第三季度,建筑企业集团财务部根据上级单位的要求及建筑企业集团的实际情况,制订年度预算编制方案,并将年度预算编制通知下发至各级预算编制单位,包括下属的各公司和集团各相关部门。由集团公司财务部统领组织集团公司市场部、投资部、工程部等部门分别编制集团公司总部管理费用年度预算、年度签约额预算、年度新承接项目产值预算等。

项目财务人员收到公司财务部下发的预算编制通知后,牵头组织项目工程部、商务部分别编制项目年度现场经费预算、年度资金预算、年度施工产值预算、年度成本预算等。项目财务人员汇总项目年度综合预算,并递交项目经理审查,通过后上报公司财务部汇总。

公司财务部汇总各项目生产预算、管理费用年度预算、年度签约额预算、年度投资预算、年度新承接项目产值预算,经公司各相关部门签署意见、公司总会计师审核通过、公司决策会(负责人)通过。

次年1月,年度预算经集团公司决策会审批通过后,由集团公司财务部将预算目标分别下达给各有关单位执行。

四、全面预算编制的内容

预算报表及编制说明均为全面预算编制的必要内容。预算报表又分为综合报表和专项报表两类;预算编制说明是对生产经营、财务资金等方面的分析和说明。其主要内容包括:上年预算执行情况、本年度预算编制范围和预算指标确定依据、可能影响预算指标的重大事项、保证预算有效执行的相关规定等。

五、专项预算

专项预算是指企业日常运营中涉及长期投资的、非经常发生的、一次性业务活动支出的预算。专项预算的拟订主要包含如下内容。

(1)资金预算。资金预算主要包括中期资金预算和项目资金预算。

(2)管理费用预算。管理费用预算以工作目标管理为基础,以经济效益为中心,实施量入为出、总量平衡,统一管理、分级负责,严格控制和定期考核的制度,主要包括预算编制与分解、预算执行与预算调整、预算检查与考核等。保证专项预算与综合预算对接,综合预算是对企业整体发展的预判,专项预算是企业单一项目的展望,做好专项预算是做好综合预算的前提条件。在预算编制过程中,要精准高效地衔接综合预算和专项预算。在衔接过程中要做到:统一认识、统一时间、统一口径、统一质量。

六、融资预算管理

融资预算主要包括年度外部融资预算、投资项目专项融资预算等。预算计划由集团公司财务部门牵头,由投资实际实行单位和企业投资部联合编制预算表,报经董事会常务委员会批准后方可执行。

年度外部融资总预算主要依据公司年度生产经营预算、投资预算、资金总体需求测算而建立,主要包括年度融资额度、具体融资渠道与融资方式、融资成本、融资投入时间及归还时间。公司年度对外融资总预算方案应于每年的3月至4月完成集团公司内部审批程序,年中根据实际情况可按照程序申请预算调整。

投资项目专项融资预算是指经过集团、工程局等部门批准立项的投资项目。完成投资所需的资金融资方案,主要包括融资总额度、具体融资渠道与融资方式、融资成本、融资投入时间及归还时间。

在年初集团董事会审定的融资授信预算总额内,各单位以集团、工程局名义办理的融资业务,应经集团董事长审批后按照相关规定办理;预算外办理的融资业务,应先进行预算方案调整或逐笔报集团董事会审批。

第四节　建筑企业集团全面预算管理的执行与控制

全面预算管理在企业集团根据上一年实际情况,结合企业集团的发展需要制定本年及下年预算后,需要集团"由上至下,层层协同"执行全年预算计划,助力企业价值增值。在执行过程中,为避免出现管理程序混乱、缺乏执行力等对预算执行的不利情况,需要企业集团形成分级管控制度,加强预算的执行力及完成度。

一、预算的执行与控制

预算的执行是预算管理的关键环节,是企业按照预算的制度和预算实施的方式开展的各项活动。预算的执行过程不仅能够促进企业达到所设定的预算目标,还能检验预算目标的设置是否合理,清晰地反映预算制定存在的问题与不足。预算执行机构应将预算按层级分解,通过横向对比、纵向学习的方式落实到各分公司、下属单位、部门、项目,以确保年度预算目标的全面完成。

集团公司年度综合预算一经核准下达,就表明其一定程度上的强制性。各预算单位应严格按照预算计划的规定,明确职责,认真执行,保证预算目标的顺利实现。

集团应建立监督控制机制,在预算执行的过程中加强对预算目标的监督与控制,及时跟踪实际完成情况与预算目标之间的差异,确保最终达到既定的预算目标。

预算的控制是在执行企业经营方针的过程中对预算进行前期、中期、后期的全流程监管,确保各部门能够按规定计划、实施并达到预算目标。预算的执行与控制是互相牵制、缺一不可的,预算控制的根本是预算履行,预算的履行又受到预算控制的制约,以此保证全面预算管理能够稳定有序地进行。

二、预算的分析与预警

1. 预算分析

预算分析根据一定的预算指标,以预算执行情况为依据加以分析,运用分析技术对全面预算管理进行佐证,主要是对企业经济运营是否偏离预算目标进行监测,并通过分析将预算方针、市场状态、生产经营、财政资金等有机联系,加强团体管理水平。

预算分析原则上以季度分析为主,以月度不定期分析为辅,对季度预算完成偏离度比较大的单位进行专题分析。

2. 预算预警

预算预警主要是经过计算预算指标、重要绩效指标与预算目标的偏离程度和变化趋势,对管理者实施监控、预判、预警,并制定对应的防范措施。

预警指标主要是由本级预算管理机构负责监控,上级预算管理机构有责任进行提示,但需通过适当的方式予以告知。对偏离预算目标的主要经营指标,如成本费用指标半年预算完成率接近50%或年度预算完成率接近100%时,要及时进行预警。

三、预算的考核制度

预算的考核制度对于全年预算管理具有承前启后的作用。考核制度能够具有针对性地有效提高预算执行的主观能动性,促进流程的整体推进,通过层层考核将预算细分,并落实到分公司、项目、个人,为企业战略发展目标和经营策略保驾护航。

1. 预算检查

财务部门对预算执行机构的预算执行情况进行检查,对预算执行不彻底、不认真、弄虚作假的单位将进行严厉查处。预算年度结束后3个月内,集团公司审计部门完成对预算执行机构的预算执行结果的审计工作,向集团公司决策会提交年度预算审计报告。临时或专题审计由集团公司决议委员会批准。对审计中暴露的问题,必须严格依照集团制度进行处理。

2. 预算考核

预算考核是对各项预算指标贯彻与落实,加强预算的执行本领,健全过程监控系统的重要措施。预算的考核结果将作为各预算执行单位负责人的绩效考核指标。

第五节 案例分享——X集团现行预算管理模式分析

一、集团简介

X建筑企业集团主要承接铁路项目的投资、建设、运营,城市轨道交通项目、市政路桥项目的投资建设等。其在全国范围内从事铁路、公路、城市轨道交通、房屋建筑等领域的投资、建造工程及运营业务。集团下属在全国范围内设有5个二级子公司及华中、西南、西北、东北、华南、华北、华东、山东8个区域机构,人员规模5 000余人,总资产近100亿元,工程项目体量较大。集团拥有多个总承包特级资质和专业承包一级资质。投资及建设铁路总里程达1 000余千米、轨道交通总里程达120余千米、公路总里程达1 600余千米,承担公路养护与运营总里程达1 400余千米,建设高铁站房43座,独立和参股投资的铁路、城市轨道交通、公路、市政及河道综合治理等项目20余项,投资总额达200余亿元。

二、建筑企业集团预算管理组织结构

该建筑企业集团预算管理组织结构主要分为三个层次:以集团公司决策委员会为核心的预算决策机构;以集团公司的财务部门为核心的统筹管理机构;以各分公司、子公司、特别项目部三部分为焦点的预算执行机构。X建筑企业集团组织结构见表4.3。

表4.3 X建筑企业集团组织结构

机构层级	组织机构	职责内容
预算决策机构	集团公司决策委员会	制定预算管理的具体方案和措施 审议集团公司年度预算及发展目标 审议预算管理制度的编制 协调解决预算分析执行中的问题 组织宣贯财务预算方案 督促各预算单位完成预算目标
统筹管理机构	财务部门	组织进行财务预算的编制、执行、审查等工作 跟踪监督下属机构的预算执行情况 分析预算与实际情况存在误差的原因 对预算执行中存在的问题及时上传下达 对问题提出可行的改进意见并尽快执行
预算执行机构	各分公司、子公司、特别项目部	对企业集团的全面预算管理制度切实执行 负责编制本单位管理费用年度预算、年度签约额预算、年度投资预算、年度新承接项目产值预算、年度成本预算、年度现场经费预算、年度施工产值预算等基础预算的编制等

与此同时,将组织机构分为年度综合预算管理、年度综合预算编制和年度综合预算分析与考核三级。其中,年度综合预算编制的职能为组织企业年度综合预算编制,对各预算草案进行初审、协调、平衡,提出建议事项,提交集团公司决策委员会讨论审批后实施;年度综合预算分析与考核的职能是对预算的执行进行分析、监督与指导,并根据实际运行状况做出必要的调整,参与对公司的经营业绩责任书完成情况和预算执行情况的考核。X建筑企业集团业务单位预算编制内容见表4.4。

表4.4　X建筑企业集团业务单位预算编制内容

业务单位	职责	编制内容
财务部	公司整体预算编制归口，机关预算编制	管理费用预算表 公司资金计划总表 预算损益表
人力资源部	人员成本预算编制	人员工资及福利预算表
工程管理部	在建项目预算管理编制	在建项目施工资金计划
市场部	新项目开发预算编制	项目签约计划表 新中标项目产值预估表 资金计划表
商务部	在建项目总体施工预算编制	项目分期资金计划

三、建筑企业集团业务流程及特点

1. X建筑企业集团业务流程

该建筑企业集团的业务流程大体分为四个阶段：招投标阶段、工程前期筹办阶段、工程施工阶段、工程完工结算阶段。在招投标阶段，首先要对招标项目信息进行收集整理，然后进行标书的编制与核检，最后进行投标工作。在中标的前提下，公司开始前期准备工作，即筹备项目部，项目部根据工程整体安排及测算情况，为项目的建设准备设备、材料，组织相关人员等。接下来便是工程施工阶段，此时就需要施工技术部门进驻，施工安全检查部门配合，商务部门进行各类测算，协同进行工程施工。最后是工程竣工后的验收工作，资金结算，整理并回收工程材料，组织人员、设备等物资退场。X建筑企业集团业务流程如图4.1所示。

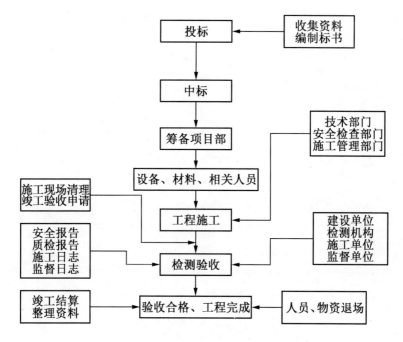

图4.1 X建筑企业集团业务流程图

2. X建筑企业集团业务流程特点

该建筑企业集团的主要业务是铁路、公路、城市轨道交通等工程的建设,这些业务大多是政府与社会资本结合的PPP模式项目。项目特点是周期长、资金需求量大,成本对利润的影响较大。X建筑企业集团规模较大,且在全国范围内拥有5家二级子公司,在子公司之下又按照地区设置了分公司,分公司有几十个项目同时进行。对于一些特殊的项目,还设有独立项目部。不同项目的地理位置不同,规模大小不一,工程施工要求存在差异,项目产值不同,因此各项目要区别对待,单独核算,预算编制上也要求同存异。要根据不同项目的特点及资料,结合区域特性,在集团预算编制要求的基础上,进行全面预算的编制。

X建筑企业集团的项目周期较长,例如铁路修建、公路修建、城市轨道交通修建等一类项目工程几乎要跨越几个年度才能竣工,而预算的编制一般是按照会计年度进行的。因此在预算编制时要考虑到周期问题,将预算分年度或按周期进行编制,保证企业项目在每个预算周期内的实施和完成。同时,项目周期较长使成本对项目利润的影响较大,通常情况下,合同订立的金额即为建筑公司的收入,但是考虑到工程存在诸多不确定因素,例如可能存在项目中期设计的变更、工期延长等因素,此时成本的控制就起到了至关重要的作用。只有在切实控制好成本的前提下,才有机会实现企业的价值创造,获取更高的利润。精良周全的全面预算管理体系能够帮助企业更好地节约成本,提高资金利用效率。

建筑施工企业集团的特点之一就是工程具有不确定性。通常情况下,企业通过投标流程获取工程项目,但是投标结果受到多方因素的影响,这些影响因素并非是企业所能够完全控制的,因此,企业能否中标便是一个未知数。能否中标关系到企业的收入、利润等关键指标。中标与否直接影响到企业对各项数据的估算,项目的资金需求直接影响到企业的筹资能力。投标流程能否成功也给公司的经营风险、财务风险造成巨大的影响。基于价值创造的全面预算管理工作就是要在一定程度上规避这些风险或是降低风险所带来的不良影响,提高预算的精细化程度及精准性,为公司营造良好的资金环境及管理环境。

四、建筑企业集团全面预算管理的实施现状

近几年,受到全球经济不景气及行业发展瓶颈期的影响,建筑行业正值"寒冬期"。行业整体发展势头减慢,为建筑企业集团提供了更多的时间开展全面预算管理,提高了对预算管理的认知程度,集团也陆续开始制定并推行全面预算管理模式,助力企业通过健全自身的预算管理体系,实现降低成本的运营模式。通过健全的全面预算管理体系整合企业资源,优化企业结构,帮助企业实现集团整体价值的增量,实现集团持续不断创造价值的目标。

建筑企业集团的资金预算管理体系已经初具规模,集团公司预

算管理遵循"统一规划、分步管理、集中审批"的原则。各单位能够以全周期现金流量作为预算基础,由"项目—分公司—公司—集团公司"分级编制、逐级审批形成各级单位年度现金流量预算。集团对于资金预算进行了年度、季度、月度以及专项计划的区分。施工项目专项资金预算依据策划借款额度执行不同的审批程序。年度资金预算能够依据集团下一年度生产规模、投资规模、盈利能力、资金管理目标等相关经济指标综合测算。同时,将资金管理目标纳入各单位年度经营目标责任书考核机制中,与各单位负责人的年薪考核挂钩,侧面加强了单位负责人对资金预算管理的重视程度。对于集团年度预算内超过1亿元的使用额度,集团实行"三重一大"的特殊决策制度。年度预算支出超过总部预算10%的,由集团决策委员会决定。

分公司预算编制不完善,预算执行不够全面,及时性差,预算管理不明确,财务人员对预算管理认识不强,关注度相对较低。分公司对预算费用的使用缺乏分析、控制、预警等机制。管理费用预算实行半年度预算控制与调整。分公司作为建筑施工企业,主要业务为建筑工程施工,又因建筑工程有着体量大、工期长、对资金要求较高等特点,预算工作半年调整一次未免间隔期较长,无法及时地根据工程完工程度进行预算调节。尤其是对于存在冬休期的工程缺少特殊预算法则的拟订。大多数工程属于垫资建设模式,在某种程度上会制约工程的进行与结算,容易造成工程资金存量为负数的现象,产生无钱可付的后果,直接影响工程进度与公司的信誉。

五、建筑企业集团全面预算管理存在的不足

1. 上下结合预算编制模式影响预算公平性

在预算的编制过程中,先是由集团制定预算编制规则,然后由集团公司决策会以各项预算编制进行审定。预算管理制度经会议讨论通过后,再由集团下发到各分公司宣贯,各分公司再将其下发到各项目。多方的思维博弈导致全面预算的资源配置效率低下,且不同层级所运用的内在逻辑也存在很大区别。项目预算的编制以项目自身发展为核心。由于一个分公司会有多个项目工程同时进行,分公司

会考虑公司整体的资源分配,尽最大努力做到资源的合理高效利用。所以,当项目预算的编制下发到分公司后,便会导致某些项目的预算编制需要进行调整,而达不到针对项目的最优预算编制。同理,分公司的预算要上报到集团,集团会考虑到集团的整体发展目标以及为企业创造价值的能力,会结合行业发展现状、国家宏观政策等因素,对不同的分公司提出因地制宜的预算调整方案,下属公司对于调整方案的接受也是必然的。所以,为了达到企业集团的整体发展目标,就会导致部分分公司及项目的预算编制存在较大的缺陷,从而限制其发展。这便会引起分公司及各项目之间产生竞争,能够超额完成预算的分公司更能受到集团的信任与青睐,进而获得集团更多的优待;相反,业绩较差的分公司,集团对于其预算的要求就更为苛刻。这种由上至下、层层下分的预算目标,极易导致企业全面预算的公平性受到影响,损害公司的整体利益,打击分公司的发展和项目运营的积极性。

2. 预算分析能力不足,预警系统时效性较差

集团在对各分公司、各项目以及各部门的预算执行过程中所遇到的问题无法及时了解,不能高效地解决问题。在这种对分公司、各项目缺乏详细了解的情况下,就难以对其预算工作有客观的考核评价,致使有缺陷的考核指标无法被发现,合适的考核指标也未能发挥其作用,极易造成各部门对预算管理工作产生负面情绪,阻碍预算工作的顺利进行。这将直接影响到集团总体预算工作的开展,降低了企业创造附加值的能力。这种情况逐渐变成恶性循环,忽视预算管理工作的重要性和必要性,降低员工对预算管理的重视程度,难以达到全员参与的目标,直接影响企业成本费用管控,削弱企业的市场竞争力,严重影响企业的经营业绩。

预算预警通常在半年预算完成率接近50%或全年预算完成率接近100%的时候才会进行预警,缺乏定期以及不定期预警提示,若项目未达到50%的完成率而预算远超预算完成率的50%,那么,预算存量不足将严重影响项目的后续进程。预算管理对预算预警的制定还有所欠缺,不能够达到全方位预警,且跟进时效性较差,对于超出

预警指标的现象缺乏详细的预警控制对策。相关人员对预警机制的认识度不高,忽视预警机制对预算管理的良好执行所产生的影响,致使全面预算的执行度低于预期目标。

3. 预算执行可控性较低

公司贯彻"自上而下,上下结合"的预算管理模式,此种方式虽然能做到全面性,但是也存在一些问题:集团的预算是在集团未来总体发展战略的基础上制定的,是集团综合分析的结果,但是各部门和项目对全面预算管理体系的理解会存在一定程度的偏差。综合预算涉及集团公司各部门、各项目及各项管理活动,然而对于财务部而言,全面了解其他部门的工作内容与职责有一定的难度,难以做出公正的监督。财务人员业务知识的欠缺间接影响了全面预算管理的制定、审核、监控等工作,处理问题时可能找不到关键点,因此在监控环节往往会成为表面工作,无法起到监督、控制的作用。由于管控重点模糊,盲目性的预算管控对企业资源的合理配置造成不利影响。同时,尽管集团推行全员参与的理念,但预算报表及指标的专业性较强,非财务人员的掌握能力有限,这种综合性的工作最后还是需要财务部门进行整合。

4. 预算考核对象不全面

全面的预算管理考核评价体系包括三个方面:企业集团整体预算评价、部门绩效评价、责任人绩效评价。集团在考核过程中针对预算履行单位的预算执行情况进行核查,并将结果作为预算履行单位负责人的绩效考核指标。全面预算考核中并未包括对普通员工的考核。众多基层员工构成了一个公司,甚至一个企业集团,基层员工的全面预算考评未能与公司协同一致,间接使普通员工形成一种预算管理与个人无关的思想,无法调动员工积极参与全面预算的整体工作中。员工是为企业进行价值创造的根本基石,全面预算的考评对象如果无法涵盖到每一位员工,那么基于价值创造的企业价值增值目标也就无法得到有效保障。

第五章 建筑企业集团资金集中管理与控制

第一节 资金集中管理概述

一、资金集中管理的含义

资金管理是企业管理的核心之一,也是财务管理中的重要组成部分。资金管理是在经营过程的每一环节,对每一项经营管理活动涉及的投入、产出状况管理的过程。

资金集中管理是在资金管理的基础上,由集团总部对集团内部各成员的资金状况统一调配、管理,对集团内部各成员的筹资活动、投资活动、经营活动、分配活动统筹调度,优化企业的资源配置,提高资金使用效率。将银行账户实施集中管理,整合可控资金,规范资金运作,把控财务及经营风险,提高资金的保障水平。

二、资金集中管理的意义

资金集中管理对于企业集团的管理和运营有着重要意义,具体包括以下三个层面。

1. 集中配置与使用资源，有利于实现总体战略目标

在庞大的集团内部，不仅组织内的各个法人主体之间存在法律关系，而且母公司和子公司、分公司之间还存在控制关系。资金作为重要的物质资源，其配置情况和使用效率都会直接影响总体战略目标的实现。

通过资金集中管理，母公司作为权限划分和授权的主体，可以弱化子公司、分公司董事会和管理层的权力。子公司和分公司的各项资源由母公司集中支配和控制，一方面，有利于母公司提高资源使用效率、保证资金的安全性、有效控制监督成本；另一方面，通过资金集中管理，子公司和分公司只能使用而非控制资金，有利于保证集团整体的发展需要。子公司和分公司将工作重心调整到价值增值中来，可获得经济效益最大化，实现战略牵引体制。

2. 提高资金使用效率，把控集团整体风险

集团整体风险和集团内各子公司的财务管理活动密切相关。集团内各子公司通过扩张引起的投资风险、筹资及担保风险、经营风险等最终会影响集团总部的风险，进而提高集团总部的风险水平。集团通过资金集中管理，可以有效避免发生多头开立银行账户、多头贷款的状况，有利于降低风险，强化内部控制，理清内部业务流程，提高资金使用效率，把控集团整体风险。

3. 改善集团信息透明度，有利于实现价值增值

企业集团各公司间存在多种委托代理关系，资金作为集团业务的综合反映，能全面、真实地体现有关业务情况，然而信息不对称、信息传递延时是集团管理活动中的阻碍。

通过资金集中管理机制，将业务信息和资金运动情况相匹配，实时获取各子公司有效的财务信息并加以控制，有利于集团价值增值目标的实现，提升信息化水平。

第二节　建筑企业集团资金集中管理模式研究

一、建筑企业集团资金集中管理存在的风险

1. 资金风险不可控

受建筑行业性质的影响，工程项目面临的资金风险具有不可控性，主要由外部风险和内部风险两部分组成。外部风险包括国家政策风险、建筑行业风险等，内部风险与公司的管理和决策相关，主要是财务风险、资金管理风险等。受工程项目自身特性的影响，前期开发过程通常需要巨大的资金，这迫使企业为筹措资金而采取各种手段，从而陷入贷款比例高、还款压力大的财务困境，为项目后期的建设和运营留下隐患。

2. 银行账户分散

建筑企业集团通常采用"集团总部→成员单位→项目部"的管理模式，各成员单位、项目部独立开设银行账户，定期向集团总部上报和备案。银行账户分散使集团无法及时、快速地掌握各级账户的资金情况，难以实现监督和调控，不利于集团整体的资源配置和规划。

3. 资金管理制度不健全

现阶段，虽然大多数建筑企业集团建立了资金管理制度，但是在生产经营过程中并没有完全遵照执行，有些企业更是将资金管理制度流于形式。资金管理制度对于工程项目没有实施单元细化管理，缺乏具体的组织体系与职能，应收账款管理政策、预付账款的支出规模、应付款项管理政策、固定资产的投资规模、资产处置流程等相关管理制度不健全、不完整，资金计划、账户日常管理、资金授权和审批流程等不够明确。

二、建筑企业集团资金集中管理模式选择

现阶段，企业集团的资金集中管理主要有三种模式，即报账中心

模式、结算中心模式、财务公司模式。其中,报账中心模式又可以细分为统收统支模式和拨付备用金模式。在建筑企业集团资金集中管理的实践过程中,采用结算中心模式和财务公司模式的较为普遍。

1. 报账中心模式

在报账中心模式下,集团授权财务部门负责现金的收支、处理报账业务,具体可分为以下两种模式。

(1)统收统支模式。统收统支模式通过实行"收支两条线"的资金管理办法将资金的管理权限高度集中,集团总部财务部门通过在银行设立总账户对资金集中管理,集团的各成员单位在总账户下分设内部账户。

这种管理模式有助于集团从整体角度平衡收支情况,资金由集团总部统一分配、调拨,可有效避免闲置资金,提高资金使用效率。但是,各成员单位没有资金的支配权也可能会影响工作的积极性。统收统支模式是一种绝对集权的管理模式。

(2)拨付备用金模式。拨付备用金模式是指集团总部的财务部门按照规定的期限和金额向各成员单位拨付备用金,供成员单位使用和支配。与统收统支模式相比,这种模式具有一定的灵活性,在一定程度上能调动成员单位的工作积极性。在这种模式下,资金的收入由集团总部的财务部门集中管理,但是各成员单位对于资金的支出享有一定的决策权和自主权,发生资金支出后,以相关凭证向集团总部提请报销,经审核后补足备用金即可。

2. 结算中心模式

结算中心模式通过成立结算中心办理相关的资金业务,具体包括筹措资金、资金往来结算、各成员单位之间的资金收付等。通常情况下,结算中心是企业集团内部成立的独立机构,集团的各成员单位可以设置独立的财务部门,进行会计核算和业务处理。采用结算中心作为资金集中管理模式能够有效控制资金风险,提高资金使用效率,因此是企业集团普遍采用的模式之一。结算中心的主要工作职能如下:

(1)结算职能。集团的各成员单位在结算中心一级账户下开设二级账户,主要通过此内部账户实现资金结算的职能。结算中心不仅提供集团总部和各成员单位之间的资金结算、各成员单位之间的内部资金往来结算,还可以统一实现外部的资金往来结算。内、外部的资金往来结算是结算中心的基本职能之一。

各成员单位需要事先按照集团规定报送本单位的资金预算和资金计划,需要支付资金时,由结算中心根据审批额度对其账户拨付资金,各成员单位无权擅自挪用。同时,对于各成员单位产生的资金收入,也需要向结算中心提出申请,进行资金的统一管理。

(2)监督职能。除结算职能外,结算中心的另一项基本职能是监督职能。结算中心受集团委托,对各成员单位的资金收付情况进行监督,主要检查收付资金的合规性、安全性和资金使用效率,核查各成员单位的资金收付与合同条款、资金计划的匹配度,确保资金的合理利用。

此外,结算中心会根据日常经营活动中每个分支机构的零星付款情况,确定现金存量的最高保存额。当各分支机构二级账户中的现金余额超过最高保存额时,必须转出超出部分,由一级账户统一管理,以实现结算中心对整个集团资金的监督和管控。

(3)筹资职能。结算中心以集团整体的名义筹集资金,确保资金满足需要。在结算中心集中管理资金的运作模式下,各成员单位资金相互融通,可以提高闲置资金的周转效率。各成员单位需要筹集资金时,可以优先使用闲置资金,降低资本成本。此外,集团作为整体开展筹集活动时,资产规模较大、社会影响较强、信用水平较高,获得筹资的可能性较高。

(4)反馈职能。财务指标作为企业经营状况的一种反映,使得结算中心还具有反馈职能。结算中心了解集团内各成员单位的财务状况、资金周转状况,因此可以将了解的信息及时向集团反馈,以便集团能够适时地调整战略目标和战略措施,为集团的经营决策提供依据。

结算中心的运作模式可以从宏观层面有效调节资金的流向,由于内部资金的管理和融通,提高集团资金的周转效率,促进资金的内部流通,降低了集团资金的成本,提高了资金的使用效率,有利于实现资金集中管理的目标。此外,在结算中心模式下,各成员单位对资金有一定的管理权与决策权,可以提高其工作积极性。然而,结算中心模式也存在一些弊端,例如有些集团的结算中心只考虑各成员单位的资金需求情况,没有考虑资金回报率,也没有考虑集团整体的资金计划和用途,使得集团整体价值受损。由于结算中心的借款属于集团内部的资金调剂,各成员单位的贷款合同不受法律保护,当各成员单位无法偿还借款时,集团无法对逾期借款施加罚款或提起诉讼。从长远来看,一方面,结算中心需向存款单位支付存款利息,另一方面,无法收回贷款的本金和利息,可能会导致整个集团资金链断裂。

3. 财务公司模式

财务公司是集团为各成员单位提供资金管理的服务机构。财务公司从本质上看是将资金集中管理的非银行金融机构,其目的是提高集团资金使用效率,使集团资金效益最大化。与前两种模式相比,该模式的重要特征是,财务公司是一个独立的法人实体,而不是集团的某一个部门或机构。

财务公司的设立通常要满足一定的前提条件,当集团发展到较大规模、有多元化资金管理需求时,具备相应资格的董事、高级管理人员和专业化的从业人员向中国人民银行申请,得到批准后方可成立。财务公司的主营业务包括资金集中服务、结算业务、财务咨询业务,还提供多元化的金融信贷业务,如票据贴现业务、联合贷款业务、融资租赁业务、保函业务等,负责承担集团资金筹集、资金管理等职能。

根据中国银行业监督管理委员会通过并颁布的 2006 年第 8 号文件《企业集团财务公司管理办法》的要求,财务公司的业务范围主要有以下五个方面。

(1)结算中心职能。为了便于集团资金集中管理,实现资金集中管控,财务公司将主要结算账户进行归集,负责帮助各成员单位实现资金的收付,以防各成员单位开设多个账户。财务公司系统可以处理各成员单位之间的内部转账、代理支付等业务,成员单位在系统内提交指令,财务公司受理和批准,处理各成员单位之间的往来款项,以实现内部账户之间资金流出单位至资金流入单位的资金流动过程,也可以编制相对应的结算方案,加速集团的资金周转效率。财务公司系统还可以实现上级单位向下级单位按需求提供拨款、按照规定余额收款等资金归集模式。

（2）融资中心职能。财务公司可以提供融资中心的主要职能，通过开展票据（银行承兑汇票、商业承兑汇票）贴现、提供免担保信用贷款、融资租赁等信贷业务，扩大集团内各成员单位的融资渠道，充分发挥财务公司融通资金的作用。此外，由于贷款利率低于市场利率，也为各成员单位的流动资金提供了保障。财务公司还可以通过申请发行企业债券、股票等方式，以匹配集团的总体经营战略和业务单位战略规划，进一步发挥融资驱动作用。

（3）投资中心职能。集团通过建立并完善投资决策制度、风险管控制度等，梳理操作流程，形成投资管理信息系统，以实现财务公司的投资职能。主要体现在集团开展各成员单位之间的委托投资业务，符合条件的财务公司还可以申请对金融机构开展股权投资和有价证券投资等业务，对集团闲置资金进行投资，分散金融风险，提高资金的流动性。

（4）资本控制职能。在日常业务活动中，财务公司统一分配和控制集团各成员单位的资金流量，对其实施资金控制。另外，在成员单位出现财务危机或违反集团规定使用贷款时，财务公司可以发挥代理人和债权人的作用，强化对成员单位的监管，以保证集团资金的安全和效益。

（5）咨询代理职能。财务公司作为独立的法人公司，还可以提供金融服务、信用鉴证、保险代理以及其他咨询和相关代理服务。作为集团和各成员单位的财务顾问和投融资顾问，可以提供有关财务解决方案的信息和专业建议，发挥咨询职能。另外，财务公司还可以为各成员单位提供信用调查、信息服务等全方位的代理服务。

三、建筑企业集团资金集中管理具体工作流程

建筑企业集团资金集中管理划分账户三级管理模式，全面实现银企直联业务。由于建筑企业集团"总部→成员单位→项目部"的三级管理模式与传统的结算中心账户开立模式存在差异，为避免出现银行账户分散不利于资源配置的问题，建筑企业集团总部要求各成员单位、项

目部全面实现银企直联业务,通过建立数据实时连接机制,将各家银行账户系统与结算中心账户管理系统进行对接,及时传输数据,并由结算中心统一监管各账户信息。

在建筑企业集团实际运营管理过程中,结算中心首先关联银行开立收款结算账户和支出结算账户,以分别结算各成员单位的收支状况。由于建筑企业集团三级管理模式的特殊性,集团总部设立结算中心并设立结算一般账户,各成员单位在一般账户下开设一个二级账户,结算中心一般账户主要负责各成员单位的资金收支,二级账户主要负责收取、分配各项目部的资金;每个项目部在二级账户下开设一个三级账户,构建了建筑企业集团的账户三级管理模式。为实现收入、支出分开管理,要求每级账户分别创建收入账户和支出账户。其中收入账户主要归集收取的工程资金、材料物资款项等,支出账户为各成员单位、项目部生产建设使用的账户。需要支出资金时,由下级单位提出申请,结算中心依据批准的资金使用额度向下级单位的支出账户拨款后,成员单位、项目部才可以对外支付款项。

结算中心的三级账户设立完成后,为实现银企直联业务,集团总部首先与相关账户的银行签署战略协议,管理各下级单位的银行账户,然后每个成员单位与有关银行签署特定的授权协议。具体事项根据集团的实际情况确定,可包含以下内容:集团总部的结算中心有权限查询各成员单位和项目部账户的收入、支出情况;结算中心有权限向下级单位支出账户划拨资金,有权限上划下级单位收入账户的资金;各下级单位账户有权限向外部支付资金;等等。

第三节 建筑企业集团资金管理的保障体系

一、制度体系保障

1. 建设企业文化,促进内控制度的高效实施

优秀的企业文化立足于企业实际,通过制定科学、明确的发展目

标,激发员工的积极性和工作热情,当公司员工了解企业明确的奋斗目标时,会认识到自己给企业带来的价值,也会更具有努力进取的精神。在这种情况下,企业文化不仅能够增强公司的凝聚力,也能够有效规范和制约员工的行为,将企业文化转化为员工成长的内在驱动力,成为员工自我调节和自我管理的准则。因此,如果公司希望长期稳定发展,不仅有必要建立完善的内部控制系统,而且有必要完善企业文化,并将内部控制和企业文化相融合。只有这样,才能保证内部控制系统在有效实施的基础上发挥其价值。

2. 完善建筑施工企业的管理结构

优化建筑企业集团的管理结构,是建立和完善集团内部控制系统的核心。首先,要发挥集团内部的监督治理机制。管理结构与内部控制机制中的监督机制密切相关,因此,要将企业法人持股为主作为公司的股权结构;其次,使每个部门的职能和职责形成健康的控制与平衡关系,从而可以充分行使内部控制机制;最后,需要加强外部监督机制的建设和完善,以帮助企业承担责任,减少人为干预。

3. 增强内部审计独立性,完善内控制度的建设

增强内部审计独立性是建立和完善建筑企业集团内部控制体系的重要环节。内部审计不仅可以了解和控制各下级单位的经营状况和经营成果,也可以防范一些违法行为,进而规避风险,实时调整经营战略。但是,在大多数建筑企业集团中,内部审计部门缺乏独立性、制度不够完善等客观因素,导致内部审计缺乏独立性,无法发挥其作用。

为了增强内部审计独立性,一方面,要完善内部审计制度建设,确保监督机制发挥价值;另一方面,有必要不断提高内部审计人员的素质和工作能力,以改善内部审计工作效果,提高内部审计工作效率。同时,还必须提高内部审计人员的自我监督意识,增强内部审计工作的独立性,完善内部控制体系。

4. 建立风险预警机制

由于建筑企业集团存在的特有风险,工程项目流动性较强、具有临时性,因此风险相比其他行业较高。所以,需要充分了解行业趋势、把握机会,减少冲动,才能够规避企业风险,来确保企业内控制度更快、更好地完善和执行。为此,首先,需要培养专业化人才,具体包

括市场研究专家、内部审计专业人才、项目经理等,从各自职责角度分析企业风险;其次,通过建立风险预警机制,审查项目的合法性、真实性、可行性等指标,严格调查合同签订方的基本情况和声誉,避免与声誉较低的企业合作,从而降低与执行合同有关的法律风险;最后,在项目进行过程中,必须按照严格的规则进一步加强流程管理,采用标准的监测和项目管理方法,检查质量是否良好,以提高企业抵御风险的能力。

5. 加强企业信息化建设

建设强大的企业管理信息系统是时代发展的需要,更是企业长久发展的需要。加强建筑企业集团信息化建设,有利于内部控制体系的完善和实施。集团信息化建设不但能够使企业内部信息保持畅通,提高工作效率,保障工作效果,实现更有效的业务管理,而且能够实现集团精细化管理,削减一系列不必要的资本投资,节省项目的生产和运营成本,提高项目获利能力和集团持续经营的能力。建筑企业集团的资金管理模式较为传统,缺乏创新的管理意识,需要现代信息技术进一步促进其发展,以保证相关数据传递的及时性和可靠性,为有效实施内部控制系统提供实际条件。加强信息化建设和发展,可使建筑企业集团的烦琐业务清晰明了,便于管理人员对企业进行管理。

6. 加强对内部控制部门职员的培养

完善的准则制度体系是否有利于企业的发展,能否起到内部控制的执行效果,关键取决于执行人员的业务能力和水平,因此对于专业人员的选拔和培养至关重要。需要根据集团面临的外部环境和不断变化的发展趋势,通过制定严格的选拔程序和绩效考核标准,加强对内部控制部门人员的选拔和培训,并定期结合理论知识、实践技能和职业道德等指标进行考核,使内部人员能够胜任内部控制部门的工作。

二、资金预算管理保障

1. 整体授信管理,做好融资审批

根据公司的筹资要求,结合自身的年度和季度全面预算,制订详细的融资计划,并进一步阐明一系列相关内容,例如融资模式、融资成本、融资规模、融资期限和融资目的等,充分估计和衡量融资的还本付息风险和其他潜在风险。此外,遵循集团对金融机构整体信贷管理的原则,集团各成员单位根据总体原则配合集团总部完成融资计划工作,优化融资结构,合理配置信贷资源,并在整体授信范围内进行债务融资。

(1)授信管理。

一是年度授信计划管理。公司总部及下属子公司结合本年度预算制订下年度授信计划。年度授信计划包括以下内容:金融机构、授信额度、品种规模、预计的项目融资安排及额度。总部的职能部门将各子公司的年度授信计划汇总,根据整体情况进行平衡,并将平衡调整后的方案反馈给子公司。各子公司按照批准后的计划开展年度授信工作。

二是月度融资计划管理。每个子公司在经批准的年度融资预算范围内,按月度分解落实。每月月底向公司总部报送下月度的融资计划,包括新增或减少的融资金额及相应的金融机构等信息。总部的职能部门汇总之后进行统一的调度平衡,各个子公司按照调整之后的月度融资计划执行。

三是授信额度管理。整体授信额度由公司总部按公司的要求进行统筹管理和统一安排,各个子公司按照批复的年度授信计划办理授信业务。如果现有的授信额度无法满足该金融机构的融资需求,可以向总部提交切分该授信额度的申请,说明申请授信金额和实际用途等,待总部履行有关的一系列审批程序后,协调金融机构办理切分信用额度。

(2)融资审批。作为主要的责任部门,资金管理中心或集团财务部门负责集团整个业务融资的审批流程。各个下属子公司融资需要上报主要责任部门,主要责任部门根据下属子公司的融资申请和总部的融资情况,汇报至总经理办公会审批,总经理办公会决议通过之后再由集团董事会批准,批准之后各成员单位才可以签署贷款协议,履行其他手续。

一是加强组织领导。要求各子公司优化资本结构,加快资金回收、资金周转,恢复无效资产补偿。以三个月为一个周期,制订切实可行的滚动资金计划,实行具体责任人制度,明确融资计划和资金回报计划、融资进度等,对于高息、大额、多元化融资等需事前报集团公司备案。

二是上报三个月滚动资金计划。为应对目前的金融市场环境,缓解资金流动性的压力,各下属子公司要提前做好资金回收计划和融资计划。各下属子公司于每月25日之前填报"3个月资金计划",并于每月5日前填报上月"融资情况调查表",计划资金的还款渠道,合理安排融资计划。

三是建立高息、大额、多元化融资事前备案制度。以下三类融资需提前报总部职能部门备案,取得总部的职能部门书面"备案通知书"后方可执行:一是同期基准利率上浮15%及以上的融资;二是单笔金额超过10亿元以上的项目融资;三是传统的银行贷款融资以外的各类多元化融资,具体的融资方式如基金、保险、信托、债券、资产证券化和其他融资。"备案通知书"的主要目的是对融资结构、融资模式成本、风险、财务报表影响、信息披露等一系列内容进行分析研判,以此保证交易合规、成本合理和风险可控。

四是监督管理。通过集团信息化加强政策导向,提升信息的服务水平。加强资金管理体系建设,搭建信息的共享平台,及时向各下属子公司发布金融机构的战略、信贷政策,引导子公司做好融资管理工作。

五是加强非现场检测和现场检查。全面掌握下属子公司资金回收计划和融资情况,健全资金风险预警机制,督促子公司及时做好风险化解工作,并有针对性地开展现场检查和必要的延伸检查。

六是重点关注债务风险大的下属子公司。重点关注自身资金较困难的子公司和融资规模较紧张的区域,加强组织协调能力,防止出现高成本和高风险融资的情况。

2. 强化资金预算编制,合理配置资金资源

(1)明晰预算编制原则,完善预算编制和审批机制。以项目为主线,以合同为约束原则,遵循"收入支出统一控制、以收定支、预算范围内付款、总额控制、效益为先"的基本原则来编制资金预算;以年度的经营战略及自身的财务能力来安排投融资项目全年资金额度及调

整原则。

（2）采用月度、季度、年度预算相结合的方式实施滚动预算,资金预算按照季度分解,并且实行3个月的滚动资金预算,具体编制和审核流程如图5.1所示,通过不断改进预算编制方法,规范和完善预算编制流程,做好资金预算与业务预算的衔接。编制表见表5.1。

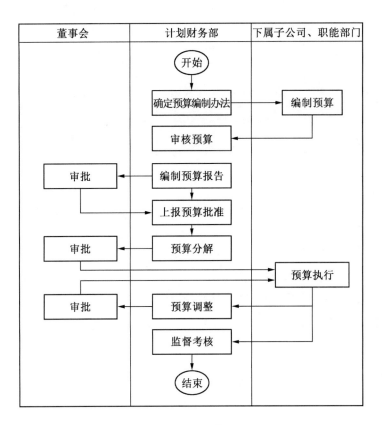

图5.1 建筑企业集团资金预算编制及审核流程图

表 5.1 建筑企业集团预算编制表

编制单位：			年　月			金额：
序号	项目	本月预算数	本月实际数	预算完成比	下月预算数	下下月预算
一	经营活动资金收支					
（一）	经营活动资金收入					
	其中：承兑汇票					
	其中：①工程					
	②房地产开发					
	③其他					
（二）	经营活动资金支出					
	其中：承兑汇票					
	其中：①工程					
	②房地产开发					
	③其他					
（三）	经营活动资金收支净额					
二	投资活动资金收支					
（一）	投资活动资金收入					
	其中：收回投资					
（二）	投资活动资金支出					
	其中：股权投资					
（三）	投资资金收支净额					
三	筹资活动资金收支					
（一）	筹资活动资金收入					
	其中：①吸收投资					
	②取得集团内带息负债					
	③取得集团外带息负债					
（二）	筹资活动资金支出					
	其中：①偿还集团内带息负债					
	②偿还集团外带息负债					
	③支付利息和股利					

3. 年度资金预算的编制，要体现总部的管控能力

将特定预算和集团预算有机地结合在一起，根据营业收入、营销、经营、投资等预算数据，并结合公司的存量资金及下一年度的资金预计流量和流向来判断公司整体资金流量。以此作为依据来制定适合公司经营需要的年度资金预算及筹资方案，在最大程度上实现业务预算与资金预算的有机融合。

编制每月（每季度）的资金预算的重点是反映效率和效果，避免与年度预算脱节，并反映出用于项目运营资金的使用，以支持成本与

支出匹配的原则,采用最优的资本成本来制订资金利用计划,并以此来建立总体平衡。

4.强化资金预算执行,严格预算执行力度

(1)以项目资金收支为主线,加强月度资金预算执行。在资金集中管理和资金收支两条线模式下,采取高度的"统收统支"运行模式;为保证资金预算的有效执行,各下属单位要建立起完善的现金流量月度计划上报制度,各下属单位部门每月在规定时间上报以项目为主线编制的收支预算表;所有支出必须按照预算计划严格进行,以保证资金收支过程的规范化、科学性和标准化;各下属单位加强对收入、支出预测的准确性,充分发挥主观能动性,合理判断、准确预测收入实现时间和金额。

(2)规范批准资金支付程序,加强资金支付预算执行力度。制定严格的付款和审查程序,确保单据文件完整、遵守规章制度;确保项目进展与财务进展保持一致,并尽可能防止提前付款、晚付、多付或少付;确保资金的预算准确,以防止财务风险和违约风险。

(3)强化项目成本费用预算管理,加强项目资金预算执行。加强标准成本化建设,逐步制定日常成本类别和费用类别预算标准,制定符合业务实际的、可实现的成本标准,确保工程项目成本管理取得有效结果。通过详细分析各种费用支出类型,制定项目管理和支出的标准,并将其作为执行成本预算的基础,实行标杆管理,促进成本管理的细化和标准化。

(4)分解各项预算执行责任,加强资金预算落实。将预算指标做必要分解,确保责任到人。在集团总部职能部门的总体管控、业务部门的专业管理和责任部门的具体实施三个层次上实现预算管理机制,实现预算管理的分层责任,制定清晰的管理流程和标准,并有效地改善对预算流程的控制。

(5)规范预算调整制度,严肃管理资金预算的执行情况。明确各成员单位预算调整额度和调整频次、时间等,建立严格有效的预算调整程序,明确职责和具体规程,确保预算的刚性。

5. 强化资金预算考核,落实预算管理责任

建立科学合理的考核制度,充分考虑项目的实际情况以及经营中不断修正的经营策略,在还原的基础上考核,以免由于机械考核的不公平而挫伤相关单位和人员的积极性,避免考核失去它原本督促和控制的意义。严格按照考核结果对相关单位和责任人进行奖惩,不搞平均主义、不走过场。

在考核的同时要进行预算执行差异分析与评价,以此发挥考核的引导作用,并通过交流沟通来提升相关单位和人员在预算管理和预算执行方面的水平。

三、资金风险管理保障

1. 加强资金整体管理,提高资金使用效率

合理分配资金配置的关键是提高建筑施工企业的资金使用效率,快速回笼项目资金是提高建筑企业集团资金使用效率的重要手段。一方面,建筑施工企业必须对合同风险有充分的了解并高度重视,签订合同协议(如分包合同和材料采购合同)时,一旦存在资金风险,必须实行问责制,明确权利和责任。尤其要保证工程建设资金的回收条款和建设公司保证金的公平性,避免出现资金回收困难的问题。另一方面,合同双方要充分地交流合作,尽量减少双方之间的分歧,由甲方承担代付的工程物资款项必须明确,以防止资金压力带来潜在的财务风险。另外,资金的拨付方向必须清楚明确,工程预算工作要及时到位,以防止出现资金流动不明而造成的垫付压力,进而导致建设方不及时或拒绝付款等一系列连锁反应。

2. 构建风险预警系统,完善风险防范制度

构建风险预警系统,完善风险防范体系是建筑企业集团财务制度的重点之一。完善的系统制度需要严格的监管才能够确保有效实施,在施工过程中,财务的情况复杂多变,必须要高度重视财务报表和经营计划的制订与实施。并且要使用比例分析法、数学模型法等分析的方法对财务风险做出实时评估分析,以增加金融产品在市场上的流动性,从而形成良性循环。外汇衍生品相较于传统的避险途

径而言,是效果显著的避险工具,能够更准确及时地帮助企业降低汇率波动带来的不确定性。目前,我国的金融衍生品市场渐趋完善,建筑企业集团利用外汇衍生品来避险具有很大的市场潜力。

第四节 资金集中管理的价值创造

对于集团而言,其拥有不同规模、业务领域的子公司,每个子公司之间现金流入和流出的速度和时间都存在差异。从集团的整体视域来看,资金流入和流出的时间分布相对均匀,即当子公司投资收回资金时,可用于其他子公司的现金支出;当行业需要资金时,可以使用其他关联公司的现金流入。集团公司利用集中的资金,在财务预算的控制下使用沉淀资金,从而形成了各公司现金进出的时间差,并管理了各子公司的实际支付概率,这样休眠资金就可以发挥作用。在集团范围中,只需要始终保持少量的自由现金流量,用少量的资金覆盖大量不确定的支付需求。资金集中管理是对企业集团沉淀资金和间歇资金的管理,利用企业集团协同效应来优化资金分配并恢复现有资金的活力,使单个公司的速动资金在整个集团内流通,提高资金流动效率,从而增加资金价值。

一、资源价值

企业集团虽然有大量的资金,但分布在上百家子公司、几十家银行手里,无法发挥资源价值。由于集团各成员单位未动用资金的数量有限,大部分以定期存款或活期存款的形式进行管理,资金利用效率低,收益较低。而集团通过"聚沙成塔、积水成河",集中下级单位的分散资金,整合资源,充分利用财政资源优势与银行进行谈判,因此具有更大的谈判能力并可获得更优惠的存款、贷款利率,从而获得更有成效的投融资渠道和投融资手段。可以投资于相对于单个企业资金量来说门槛较高的资金增值项目,如结构性存款、大额存单等,还可以在全集团范围内进行应收账款保理等业务。企业集团进一步成立财务公司后,财务公司还可以从事信用贷款和债券承销等一系列金融活动,最大程度整合资源、实现价值。

二、成本价值

建筑企业集团内部发展不平衡,资金分配不均,导致部分子公司资金过多,没有良好的投资渠道,而部分子公司资金短缺。为了补足资金,常常通过贷款方式获得融资,而存贷款的"双高"现象使企业集团的财务成本居高不下。由于资金集中管理对资金进行了内部调整和转移,缺乏资金的成员单位可以在集团内部贷款以补足资金,从而减少对外贷款量,原需对外支出的利息费用,转成了内部费用,对整个集团来说,减少了利息费用的支付。同时,建筑企业集团业务量大,往来供应商较多,内部存在众多的关联交易,往往通过网银进行结算,资金集中后,可以通过资金系统的内部银行进行内部结算,无须实际款项收付,节省了大量的银行结算手续费。资金集中到集团以后,资金规模扩大,集团会成为每个银行的优质客户,具有与银行谈判的强大资本。如目前跨地区、跨银行的转账手续费多以单笔计价,集团可与银行进行谈判,要求银行打折或者将费用打包,这可以在很大程度上减少集团的财务费用。

三、融资价值

资金集中管理可以通过将不完全相关的现金流整合到资本市场中来提高集团的信用等级,改善集团的整体财务协同效应,降低集团陷入金融危机的风险,提高集团抵抗债务融资的能力。集团范围内的统一融资不仅可以通过更稳定的现金流保护、更强大的经济实力和更好的信贷在资本市场中获得更多的融资机会,而且能够凭借较高的信贷评级和受控制的资金额度、资金需求,增加与银行的谈判权,提高信用等级优势,提高信用额度,降低信用成本。得益于集团的信用优势,资金集中管理已成为最佳的市场融资方式。

四、管理价值

我国大型建筑企业集团现存的问题之一是管控失效,而企业集团资金集中管理正是解决这一问题的有效方法。通过对下属企业成员单位所掌控资金的有效监控,可以凸显出建筑企业集团在体系管理、资金管理、账户管理、信息平台传输等方面存在的问题,进而有针对性地解决、规避风险。对于股份公司等管理幅度较宽的公司,通过资金管理分权和授权机制的实施,可以有效地将资金所有权和控制权分开,进而削弱成员单位董事会的权力,在一定程度上削弱成员公司的独立性,从而改善集团的管理和控制能力,提高集团管理水平,发挥管理价值。

总之,建筑企业集团通过资金集中管理掌控每个成员单位的资金状况,因此,集团各级决策层可以动态地捕获资本流向,充分发挥资源价值、成本价值、融资价值和管理价值。将集团资金形成资金价值链,并尽可能满足重点工程项目的资金需求,可有效运作资金循环,加速资本周转,增加资本收益。通过集中资金,可以增强建筑企业集团的整体实力,提高信誉水平,发挥整体融资能力。建筑企业集团通过资金集中管理,确实能为企业集团创造新的价值,使企业集团资金价值最大化。

第五节 案例分享

某家建筑企业集团(以下简称 Z 集团)于 2010 年初开始实施资金集中管理。由于资金管理政策额不断完善,集团资金已达到高度集中的状态,集团下级分公司的资金集中度已高达 90%。按照最新的每周资金报告显示,Z 集团资金总额为 6 261 万元,其中集团总部的货币资金为 5 693 万元,占资金总额的 91%,形成了集团巨大的"资金池"效应。有了这个资金池,Z 集团可以使用平衡的资金来确保下级各个项目的均衡生产,这为项目的成功建设提供了坚实的财务保证。

项目建设过程中,项目所有者的资本分配是不均衡的,然而项目的生产和资金需求是平衡的,因此会存在某一工程项目部无法解决本项目资金的周期性短缺。工程项目建设初期,项目部收到拨款,此时的资金很充裕,存在闲置资金。在生产的后期阶段,资金需求量大,资金紧张,不能保证项目的正常建设。一旦Z集团实现了资金的集中管理,总部就拥有了巨大的"资金池",可以将项目的未动用资金集中起来,以确保项目资金平衡。

当项目资金不活跃时,资金集中在Z集团的"资金池"中统一调配,而当项目资金短缺时,集团的"资金池"会按时补足所需资金。这样,Z集团就可以利用公司整体的资源价值弥补短缺工程项目的资金,从而使项目资本流动可以保持在相对平衡的状态,对应项目均衡生产的资金需求,也使得集团的财务管理模式更加灵活。在资金集中管理的实践过程中,Z集团不断完善管理原则,即钱与账分离、资金额度管理、资金集中分配、奖惩有度。因此,Z集团实现了货币资金的集中管理和统一部署,大大提高了资金利用效率,为集团创造了价值,降低了资金利用成本和项目隐性成本。

Z集团要求各项目部门在集团总部一级账户下开设资金筹集账户,资金筹集账户的货币资金集中在铁路公司本部,但是资金筹集账户通过项目部反映和体现,铁路公司本部仅对每个资金筹集账户中的资金进行虚拟反映。项目部门的货币资金由两部分组成:一是存在于项目施工所在地银行的货币结算资金;二是在铁路公司本部归集的货币资金。

Z集团的资金额度管理原则是指项目部门在当地银行的存款与公司总部筹款账户的总和构成项目部可用资金总额,项目部有权使用配额内的资金。为了确保项目部正常行使这项权力,Z集团在制定的《资金管理办法》中明确指出,项目部有权控制配额中的资金,除集团总经理外,不得以任何借口影响项目部的配额和行使内部资金控制权。这种明确的制度,客观上满足了项目部正常生产和建设的管理需要,主观上也消除了项目经理对配额资金使用权、所有权的担忧。从Z集团实行资金集中管理的实际执行情况来看，暂时没有出现过影响项目部限额范围内资金使用权的情况，在实施资金集中管理的过程中，Z集团总部与项目部建立了良好的信任关系，实现了公司总部与下属项目部门之间资金流的无障碍高效流动，为集团创造了价值。

　　Z集团的资金集中分配原则是指集团在整体资金集中的基础上，在整个集团范围内创建更大的"资金池"，填补资金池规模空白，完成货币资金在整个集团的统一部署。在走访调研中发现，Z集团内部资金闲置和集团资金短缺现象并存。一方面，一些项目资金被浪费；另一方面，由于资金短缺，一些项目增加了"隐性成本"，影响了正常的建设和生产。因此，Z集团考虑使用总部的"资金池"在公司内部集中分配资金来解决此问题。自Z集团开始实行资金集中管理以来，总部已批准每个项目的当地结算银行存款限额，最高限额为220万元，超出额度的必须移交给集团总部，由集团总部"资金池"进行统一部署；低于配额的部分可以向集团提请使用资金，公司的注册办事处将在两个工作日内审批完成。随着集中式资金管理工作的顺利进行，Z集团于2012年开始尝试进行为期一个月的低资本运营。为了有效分配集团的整体资金，在保证多个在建项目正常生产的基础上，控制资本存量。实验结果表明，在资金高度集中配置的背景下，低库存货币资金的运作对公司的生产经营没有影响，并保证了公司的投标资本要求。

　　Z集团的奖惩有度原则是指在资金集中管理的实践中，Z集团通过一套有效的奖罚机制，来确保有效促进资金的集中管理，从而最终形成了一套卓有成效的奖惩制度。根据Z集团的《资金管理办法》中奖罚机制的规定，集团对存入集团总部资金归集项目中的每个项目的货币资金给予一定的奖励，每月定期分发，其中项目经理的奖励占获得奖励的60%，项目资金主管的奖励占获得奖励的40%。同时，如果未及时向集团总部资金归集项目缴纳资金，则将惩罚项目经理和资金主管。经过两年的成功运作，Z集团的项目部已基本就这种奖惩制度达成共识。实行奖惩有度原则所带来的影响有：首先，项目部满足了甲方业主的需求,增加了资金清算力度;其次,项目部延迟了债务的偿还,从而提高了公司资金的内部使用效率,而又不影响正常项目的建设进度。同时,项目部根据实际的资金支付需求向公集团总部要求资金,有意识地减少了本地结算账户中的现金,进一步提高了集团的资金集中程度,从而提高了公司资金的使用效率。从 Z 集团各项目货币资金的现状来看,尽管公司批准了每个项目部门 150 万元至 200 万元人民币的地方存款额度,但每个项目的当地银行基本上控制在 50 万元左右,项目部门仅在有大笔付款请求时才向 Z 集团总部报告。借助网上银行平台,Z 集团总部在规定时间内完成资金批复,项目部与集团之间的互信机制进一步加强,提高了集团总部资金集中度。

  Z 集团根据资金集中管理模式的经验,总结了产值资金闲置率指标,以衡量资金集中管理程度。产值资金闲置率指标的计算方法是年集团平均货币资金存量与年产值之比,即每一个单位的产值所需要的货币资金。其中,"货币资金存量"是存放在银行的闲置资金,虽然没有直接投入项目使用,但也对集团的产值起到了保障作用。

第六章 建筑企业集团财务管控信息化

第一节 财务信息化概述

一、我国财务信息化的发展历程

从最早使用会计电算化的 1970 年开始计算,截止到 2020 年,财务信息化已经发展了 50 年的时间,计算机与会计相结合的工作在我国已经取得了很大的进步,企业的财务管理水平也有了明显提高。财务软件的开发和应用不仅减少了会计人员的工作量,还提高了生产力与会计信息质量,而且为其他企业信息系统的建设提供了良好的经验。

1. 以企业自主发展为主导的 PC 电算化阶段

20 世纪 80 年代,随着计算机知识的普及,计算机在国民经济各部门和领域得到了广泛应用。会计行业的一些部门意识到了会计电算化发展的意义,开始整合行业资源以及部门权力进行软件开发工作,许多单位、部门也纷纷采取措施。于是,以独立发展与联合开发相结合的方式,对会计电算化领域进行开发,创新出许多适用于本单位的会计电算化软件,大多数以会计处理为核心,在此基础上发展扩大其他功能。在这一时期,会计计算机的发展和应用表现出较为迅速的发展趋势,但也出现了标准不统一、只解决局部问题、无法与其他软件共享数据等问题。一般来说,这一时期的计算机化是一个自我发展的阶段,所采用的技术主要是操作系统下的数据库技术。

2. 以商品化软件为主导的 PC 电算化阶段

20 世纪 90 年代,基于公司自主开发的经验,一些软件开发人员离开了公司,建立了一些专门从事会计电算化相关软件开发与销售的服务公司,开启了会计电算化软件的商业时代。例如,先锋公司的 CP800 会计软件通过了财政部的评估,后来又通过了 universal YYX、anyi、yonyou、kingdee、abacus 等的评估。

这一时期的第一个系统仍然是基于 DOS 下的 FOXBASE 系统开发的,而目前主流的系统主要是基于小型数据库,如 WINDOWS 平台下的 ACCESS 与 FOXPRO。一般包括会计处理、报表处理、最终处理、工资会计、固定资产管理、财务分析、文件处理、系统维护等相关功能。

3. 以实施集中财务核算系统平台为主的阶段

大约在 2000 年,我国开始进入企业层面的财务软件阶段。主要财务系统平台有 uyou – nc、kingdee – EAS、inwave GS 等。这个阶段财务软件的特征是实施集中财务核算系统平台,从集团的角度设计财务管理软件,反映出了企业管理过程流的形式,充分考虑个人和企业的其他职能部门,是整个企业管理系统的一个组成部分。这类软件大多是基于三层 C/S 结构,使用 SQLServer、Oracle 等大型数据库开发的面向大中型企业和集团企业的应用。

4. 以实施财务共享服务平台为牵引的三算合一阶段

从 2010 年至今,集团共享金融服务平台的实施一直是推动和实现三算合一(清算、结算和会计核算)整合阶段的主要动力。现阶段的软件不仅包括三大传统财务软件公司 yonyou、kingdee、wave 的产品,还包括中兴、久池等金融共享服务平台的新产品。技术上采用更多的是三层 B/S 的架构,特征是应用程序共享财务服务中心的组织和人员设计、业务流程设计,基于金融平台实现应用程序之间的协同效应,包括资源计划(预算)、收集的信息系统(电子影像电子报销)、会计(会计制度)、资金管理(融资系统、异质索赔)、档案信息(电子证书)等。

未来将实现的新一代信息技术具有全面的业务集成、价值创造、执行、全球控制、云计算、大数据、互联网、移动通信、信息集成技术等新手段。新一代信息技术的进步,推动了金融集团、产业、信息技术的深度整合,将使企业全面的财务信息管理体系得到推广,财务控制能力得到提高。

在财务会计领域,将在内部实现财务和业务一体化,并在外部与银行和税务等外部系统密切联系。在管理会计中,通过实施全面的预算、成本控制和加强成本分析,使管理会计的价值创造最大化。在内部风险控制方面,支持业务体系标准化、流程合理化和科学合理化,预警管理和控制、风险有效防范;决策支持的系统方面,操作风险和绩效评估建立在海量数据支持的基础上,将为经营决策层提供经营状况的数据、分析风险和未来发展趋势,综合分析能力的提高,有助于综合提高财务管理水平。

二、加强财务信息化发展的重要性

在信息技术持续发展和广泛应用的进程中,企业的传统管理模式已经不适应新形势下的工作要求,迫切要求企业在财务管理方面进行变革,打造高质量的财务信息化管理体系,为完善企业内部控制创造良好条件。根据控制论的观点,控制的过程是信息流通的过程,而控制是利用信息传输、加工与处理来完成的。在整个企业体系当中,最关键、最重要的是财务信息,所以财务信息化管理和企业内部控制存在密不可分的关系,二者既相互影响,又互相作用。财务信息化管理对企业内部控制的重要性主要体现在以下几个方面:第一,能及时反馈财务信息,帮助企业制定科学的财务管理决策,打造完善的财务管理系统,确保内部控制策略的落实;第二,有助于促进部门间及员工间的信息互动,提高信息上传下达的效果,也能够及时发现其中存在的问题与风险,从而做好一系列的风险把控和应对工作,支持企业内部控制工作的实施;第三,有助于确保企业的各项财务管理活动在国家法律法规与企业规章制度的约束与规范之下进行落实,完善企业内部控制体系,提升企业的经济效益。

1. 会计信息化管理促进企业财务管理工作更加完善

企业财务管理工作中,会计信息化管理是非常重要的。对于相关的问题进行研究,从企业的管理实际出发提出可行性方案,这是企业会计信息化管理中的基础性工作,能够指导企业财务管理工作更加完善。会计信息化管理是具有战略意义的,在信息化管理的进程中,技术不断升级,管理内容不断优化,而且实现了动态化管理,使得会计信息更加准确可靠,为企业的全方位管理提供有价值的参考依据。

从企业内部管理的角度而言,实现会计信息化管理,内部管理效率就会相应地提高;会计团队的职业素质不断提高,有利于树立战略意识;应用计算机软件实施财务管理,可实现管理精细化。

2. 会计信息化管理使得企业财务管理效能充分发挥

企业财务管理中,会计信息化管理促使企业管理水平提高,对企业的发展起到了一定的促进作用。企业财务管理的质量关乎整个企业的运行,资金的有效利用,有利于降低成本,提高经济利润。发挥会计信息化管理的作用,提高会计信息化管理的比例,使得财务管理成为企业发展的强大推动力。

第二节 建筑企业集团财务信息化实践中存在的问题

一、财务软件开发应用"空有其表"

在建筑企业集团内部,由于缺乏完善的财务管理系统及信息化制度,各部门之间无法实现实时的信息共享。传统的建筑企业集团中,财务管理部门与其他部门是割裂开来的。在进行财务信息化的过程中,仅仅针对财务部门进行系统软件的改革和升级,只是治标不治本。换句话说,部分企业开发财务软件之后,并没有对所有的部门和业务往来进行信息化管理,只是空有信息化管理表格,实际上各个部门仍是各司其职;加之建筑企业集团各部门职能业务繁杂,细分的业务数据无法纳入财务管理系统之中。因此,在实际运行中,财务管理仍旧低效烦琐,无法与其他部门进行有效的信息共享。

部分建筑企业集团认为开发财务软件是"一劳永逸"的事情,在运营之后忽略对软件的维护与升级,实际上还是用传统的管理思维引导滞后的管理方法。这必然导致企业的资金调度处于混乱无序的状态,从而对企业造成不利影响。

二、缺乏精通财务信息化的专门人才

一方面,传统的财会人员理念落后,面对新兴事物不能及时更新自己的知识技能,在软件应用方面往往是只知其一不知其二,不能够灵活掌握,面对可能出现的各种情况束手无策。另一方面,现代的信息化人才精通计算机软件的各种应用,但是可能缺乏管理学、统计学等其他学科的知识,面对财务管理中的核算、审批等一系列复杂流程时,不能与自己的专业自如结合,因此造成现行的财务管理信息化软件功能单一,缺少灵活性与适应性。不同企业的需求不同,只有考虑到这些差异,培养相关的复合型人才,才能让企业在财会管理信息化之战中走在前列。

三、网络信息化平台的安全性较低

财务信息化为了实现财务信息的实时性及数据资源的共享,一般要以网络服务器为媒介和依托。这样一来,可以大大节约时间成本,提高财务工作效率。例如,当主管领导出差时,可通过网络查询相关财务信息,及时做出批示并部署下一步工作任务。而实际上,网络环境存在着诸多问题与风险,加之企业缺乏完善的信息化规范体系,导致在财务管理过程中经常出现纰漏,如资料丢失、数据被篡改等,使得信息数据的精准度大大降低。

第三节　推进建筑企业集团财务管控信息化的策略

一、财务管控信息化实施的环境保障

首先是建立健全的信息化制度。作为建筑企业集团财务管控信息化建设的前提是必须要有健全的信息化制度，这也是实现信息化管理的基础条件与支撑力量。基于建筑企业集团在建设及运营中可能会出现的各种问题，该制度应具有一定的灵活性与适应性，以确保在突发情况或复杂的局面中，能够进行适当的修正与改进。一个完善且灵活的制度不是一蹴而就的，需要我们的从业人员能够及时地发现问题并解决问题。

二、财务管控信息化的基础工作

首先要完善信息化规范体系。建筑企业集团及其下属的各级施工单位都需要在网络上进行财务申报、审批、确认等一系列工作。这就导致了财务信息管理的工作体量十分庞大且繁杂。因此，只有从整体的角度出发，科学系统且高效地规范信息化体系，才能确保企业的财务管理走向正轨，并且能够从容面对可能出现的各种困难与风险。

其次要正确认识财务管控信息化的重要意义。

(1) 集团领导及各级员工要从思想上理解信息化管理的含义及范围。在信息化建设的过程中，要有坚实的指导思想，确定集团的财务管控信息化系统指导方针。

(2) 要明确信息化建设的目标，这一目标既要有全局的统筹观念，又要对每一时期、每一阶段进行细化分析。

(3) 要明确集团自身所处的信息化环境，即集团信息化管理的模式、目标，企业管理者、各级员工对信息化管理的认识及集团的规模和内部结构等，这为之后对制度体系的调整与修改建立了有效基础。

(4)企业管理者要明确实现信息化所需要的关键技术,从而有针对性地培养与招揽人才。

三、财务管控信息化的重点内容

1. 加强信息化平台建设

财务管控信息化囊括的概念极深、范围极广。因此,集团应尽早摒弃信息化管理仅仅是利用网络填报数据、整理报表的落后观念。需要从集团全局出发,深化加强财务管控信息化平台建设,结合自身要求实现各部门资源的实时共享。目前,企业财务管理的实际工作中,最大的问题是资源分散。由于建筑行业本身的特殊性,需要与各级、各类部门进行财务上的沟通,而这些事务又分散到集团内部的不同部门。因此,如何实现部门之间的无缝衔接是我们亟待解决的问题之一。基于此现状,我们可以借助统一化管理的财务系统,使各部门计算机实现有效连接,方便传递信息、收集信息及整合信息,从而达到信息及数据资源的统一整合及综合分析,为企业实现资源共享及资金的有效流动提供网络化场所。

2. 开发适合自身的财务管理软件实现业财融合

不同的企业有不同的需求,因此企业所用的财务管理软件一定要适合自身的发展需求。在当前信息高度发达的时代,建筑企业集团可以寻求合适的软件开发公司,与之进行合作,发挥各自优势,实现双方共赢。同时,随着企业的不断壮大,其内部各部门职能将会在更大程度上进行细化。这就决定了企业的财务管理软件需要不断地升级维护,以确保各项业务能够与财务系统实现无缝对接。基于企业特点的不同,软件应着力将业务与财务归纳到统一管控中来,使信息化管理高效迅捷。

3. 培养复合型财务人才

现代企业的竞争,说到底是人才的竞争。在建筑企业集团财务信息化建设中,从业人员的素质对财务信息管理的水平往往起着决定性作用。一方面,企业要加大对相关人员的培训与教育,建立科学系统的激励制度,鼓励并推动从业人员从思想上到行动上的改变,为企业发展培养高素质、高水平、专业化的人才团队。在信息化管理制度的规范下,强化人员素质,落实各项管理条例。另一方面,在企业招聘人才时,要注重对复合型人才的筛选与要求,适当提高入岗门槛,以企业需求来倒逼市场人才质量的提高,从而推动企业与社会的共同进步。

4. 建立有效的财务网络监管机制

网络平台的运用发展为信息化管理提供了巨大的便利,但随之而来的是各种潜在的危险。因此,建立有效的监管机制是实现信息化管理的必要之义。首先,企业应制定严格的风险评估机制,对可能出现的各种状况及早预防,及时发现,尽快处理。同时,还要重视对财务平台的定期监管和长期维护,配备专业的维护人员,加强对数据资源的监控力度,从源头上保障企业内部数据的真实有效。其次,对相关人员要建立严格的保密措施,加强对使用细则的规范化管理。利用责任制原则对财务进行安全保密,避免信息泄露。同时,在进行信息收集的基础性工作中,要加大监管力度,保证各级企业所经营业务的合法性。最后,要通过相关的技术手段,对财务系统的使用进行限制,确保资源共享的范围在可控区域。

第四节 建筑企业集团财务共享服务中心的建设与实施效果

一、财务共享服务中心

财务共享服务是共享服务下的一个分支,是指企业将分别在不同业务单元进行的事务性或者需要充分发挥专业技能的活动,通过整合或合并的方式重新集中配置,并依据服务水平协议,为各单位提供服务的有偿服务活动;通过在一个或多个位置有效地集成人员、技术和流程来标准化和简化组织内的通用流程。

共享服务提供的服务主要包括财务、人力资源、法律、信息技术、客户服务等业务领域。根据《德勤2015共享服务调查报告》，共享服务的服务覆盖率调查结果表明，财务共享是当前共享服务的主要形式，如图6.1所示。

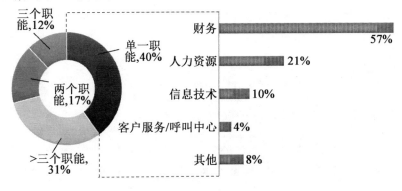

图6.1 共享服务提供的服务范围

财务共享服务中心能够促进企业集团发展战略的实施，提高资金运作效率和客户满意度，优化和完善财务流程，且能够实时监控下级公司的财务运行情况。该模式已成为跨国企业集团实施全球扩张战略的必然选择。

二、财务共享服务中心的内涵及适用范围

财务共享服务中心是一种被广泛应用的极具代表性的管理模式，是通过建立一个独立的主体来运行业务处理流程的财务管理新形式。它通过成立一个新的独立中心，将企业分散在各个区域运营单元中易于标准化和规范化的财务业务整合或合并在一起，交出财务共享服务中心重新配置，按照服务水平协议提供服务，从而实现有效整合资源、提升整体服务水平、增大业务处理人均效能、满足客户的实际需求，最终全面支撑集团企业的管理决策，从而实现自身价值目标的一种新型的企业作业管理模式。

并非所有的企业或企业集团都适合采用财务共享服务中心运作

模式。从公司规模上来说,财务共享服务中心主要适用于大型的跨国企业、跨地域企业或企业集团。因为这些类型的企业或企业集团规模、体量通常比较大,如果将各业务单位的非核心业务整合到财务共享服务中心,可以大大减少业务人员数量,降低人力资源成本。与此同时,各业务单位的非核心业务整合后,有利于快速统一服务标准、行为方式、业务规则等,继而大大提高运营效率和标准化程度,形成规模经济,从而间接降低企业成本。

三、财务共享服务中心的模式选择

财务共享服务中心模式按照其运行方式进行分类,可分为四种模式:基本模式、市场模式、高级市场模式和独立经营模式。四种模式呈渐进关系,如图6.2所示。

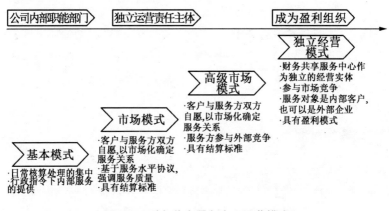

图6.2 财务共享服务中心运营模式

1. 基本模式

基本的财务共享服务中心的功能定位是一个中心的专业公司,主要为不同组织和不同区域公司内部的业务部门提供支持服务,比如基础核算、编制财务报表、财务报告数据处理等。在这个模型中,财务共享主要强调标准化的流程、组织灵活、专业的分工和集中的能力。

2. 市场模式

市场模式是在基本模式的基础上发展起来的。它脱离了内部职能单位的定位,强调作为一个负责独立管理财务共享服务中心的实体地位。财务共享需要持续改进服务质量,优化流程,加强沟通,按照特定的流程和服务标准提供服务,并使服务专业化。此外,财务共享服务中心需要基于基础信息的、更专业的决策咨询和建议服务。

3. 高级市场模式

先进的、更面向外部的高级市场模式使财务共享服务中心面临更大的外部竞争,客户可以在两个以上现有共享服务组织之间进行选择,拥有更大的选择自主权。由此可知,高级的市场模式旨在引入竞争,为客户提供并推荐最有效的供应商,使他们能够做出决策,并最终为提高内部财务共享服务中心的服务质量做出贡献。

4. 独立经营模式

独立经营模式是财务共享服务中心模式发展的最高阶段,其主要特征是"独立性"。在这种模式下,财务共享服务中心作为独立的业务经营实体运作,并定位为外部服务提供者。它不仅为内部客户提供产品和服务,也为外部客户提供产品和服务。在这种模式下,财务共享服务中心凭借其专业、技术和知识,与第三方外部服务提供商、外部顾问等展开全面竞争,服务费率完全面向市场。目前,财务共享服务中心已从过去的成本中心转变为价值创造中心。

目前,我国大多数财务共享服务中心以两种方式运作:基本模式和市场模式。根据在跨国公司设立的一些金融服务中心的经验,大多数财务共享服务中心也是从公司内部服务单位发展而来的。案例研究表明,模式的选择是一个复杂的过程,必须考虑公司的文化特点、生命周期、公司治理和战略定位等因素,选择合适的运作模式并结合适用自身的发展现状来运行。

第五节 案例分享

一、ZT 公司概况

ZT 建筑集团有限公司(以下简称 ZT 公司)是世界 500 强企业中的建筑公司。ZT 公司是集设计、房地产开发、施工、科研为一体的大型多功能企业集团,每年的房地产开发和建设能力在 300 亿元以上。公司旗下子公司众多,下设 8 家全资子公司、7 家分公司、2 家控股子公司、2 个事业部。该公司有 13 家子分公司,位于沙特阿拉伯、匈牙利、白俄罗斯、马来西亚、厄瓜多尔等国家和地区。2018 年 12 月,ZT 公司海外在建项目共计 26 个,分布在委内瑞拉、玻利维亚、沙特阿拉伯、马来西亚、厄瓜多尔、刚果和白俄罗斯。ZT 公司共有境外员工 4 027 人、大型设备 833 台(套),固定资产原值 4.71 亿元。现有员工总计 13 000 余人。截至 2018 年末,企业总资产 188 亿元;拥有机械设备 5 700 余台(套),总装备价值 22 亿元。

ZT 公司工程履约率为 100%,各类项目的交付率为 100%。先后荣获 8 个国家鲁班奖、3 个詹天佑奖、5 个国家质量项目、100 多个省部级质量项目;主编国家行业标准 2 项、参编 5 项;获国家级工法 10 项、省部级工法 140 余项;获得国家和部委认可的社会科技进步奖 50 余项,有效发明和实用新型专利 80 多项。连续数年被列为信用单位,并被所在地的省、市评为信用单位;多次被评为优秀的国家建筑工程质量管理公司、中国建筑行业百强企业之一、省内十大企业之一、省内用户满意企业。但是,随着公司的快速发展,业务的规模和范围也在迅速扩大,ZT 公司在财务管理方面遇到了新的挑战。

二、ZT 公司财务共享发展历程

1. ZT 公司实施财务共享的必要性

（1）ZT 公司财务核算特点。ZT 公司的经营主业为工程承包类项目，经营范围分布广，并且产品以建设固定资产为主，在生产经营活动方面具有该公司的特点：施工队伍要在不同项目、不同国家承包工程，施工人员的流动性较大，因而 ZT 公司的财务核算部门的办公地点也具有一定的分散性和流动性；每一个项目建筑施工环境不同，规模不同，生产速度也不同，由于不同建筑产品之间的可比性较差，所以考核控制的标准难以复制；ZT 公司按照项目公司的管理模式组织生产，包括项目财务管理，待项目竣工后，该项目公司撤销。

（2）实施财务共享的必要性。由于 ZT 公司同大多数建筑企业一样，生产经营活动具有以上特点，每个施工项目都是一个独立的核算单位。传统财务管理模式一般采取简单、分级式的管理，这种管理存在制度执行力差、资金监管力度不够、会计核算不规范、成本管控难度大等弊端，集团总部难以实现对各个项目的集中管控。从 ZT 公司自身需求而言，由于经济和技术的快速发展以及全球竞争的日益激烈，其内部财务管理水平相对较低。主要表现在财务控制主要集中于事后控制，缺乏事前预算和事中控制，全面预算活动难以在企业内部展开；资金管理存在内部问题，监管控制还不够严格、使用效率还不够高；存在信息不对称现象。这些因素决定了在 ZT 公司实施财务共享的必要性。

公司规模的快速增长，日渐膨胀的产业链，日渐多样化的行动领域，使目前财务信息的提单很难满足公司的发展需求，这些重要因素制约了 ZT 公司的做优做强。在大数据的时代背景下，财务共享作为财务管理创新的重要组成部分，其益处得到了越来越多的认可。2013 年，财政部印发的《企业会计信息化工作规范》规定："大型企业集团应促进会计工作的集中,逐步建立财务共享服务中心。"这为企业提供了政治支持,使财务信息化得以有效开展。2016年6月,国资委要求央企通过建立财务共享服务中心,促进财务管理创新,以降低成本和提高效率为目标。无论是出于国家政策层面上的要求,还是企业自身寻求变革,都要通过建立财务共享服务中心,促进财务转型并改善企业财务管理水平,这是ZT公司的最佳选择。

2.ZT公司财务共享服务中心建立过程

为更好地适应新经济时代财务管理发展的要求,在财政部和国资委的正确引导下,ZT公司充分认识到建设财务共享服务中心对企业发展的重要战略意义,以期通过建立财务共享服务中心提高整体的财务管理水平。ZT公司财务共享服务中心建设按照由物理集中到虚拟集中、由试点先行阶段到总结推广阶段分步推进实施。

(1)试点先行阶段。2017年8月,ZT公司成立财务共享服务中心,由公司财务部直接管理。机构选址在公司办公楼9楼,前期计划投入400平方米,后期根据具体需要进行增加调配。2017年12月1日,财务共享系统正式上线运营,试点单位以七公司和路桥分公司为主,其他单位选择1~2个项目参加,纳入试点的项目共55个,均为完工率低于60%、运用成本系统的在建项目。

财务共享服务中心人员配备主任1名(由公司财务部长兼任),副主任2名及组长6名;组员60人,首批成员35人(按照纳入试点的项目55个、年会计凭证核算15万笔考虑),在全集团财务人员范围内选聘。财务共享服务中心的所有人员上岗之前均需通过业务标准培训和软件操作培训。财务共享服务中心员工薪酬标准由集团公司统一确定,薪酬及办公场所建设等费用由集团公司承担,并纳入2017年投资计划。

在试点阶段,资金平台G6、增值税管理平台与共享平台同步上线(资金平台G6、增值税管理平台将提前进行单项试运行),在会计集中核算的同时,纳入财务共享核算单位的资金收支由财务共享服务中心统一管理。

(2)总结推广阶段。2018年3月15日,系统全面上线运营,已有182个财务核算账套上线运行,除海外工程以外,全部在建项目已实现全覆盖。2019年底,ZT公司财务共享服务中心已实现三级公司层面全覆盖,全公司会计核算主体全部上线运行。

在推广阶段运营管理方面,在集团财务共享服务中心组织机构体系下,各业务组人员根据业务需要增加相应的工作人员,考虑按照收入成本、资产费用、资金结算、综合核算等分类设置相应科室,负责全集团除海外项目以外的所有单位的会计核算工作。在实施阶段,所有核算单位在财务共享服务中心上线后需要新老财务系统至少并行3个月,待财务共享服务中心平台稳定运行、核算准确后,就不再使用老信息系统进行核算。

在实施方法上,ZT公司遵循"顶层设计、试点先行、逐步完善、集团推广"的原则,通过上层事先规划,由点及面,以先试点的子公司作为经验基础,逐步推进。ZT公司通过财务共享服务平台建设,固化和落实基础财务管理制度,统一基础核算、结算业务管理方针政策,提升企业业务及财务的处理效率及质量。通过对项目层、综合层、公司层和集团层的业务流程进行系统梳理,共梳理了388个业务流程,分为货币资金、实物资产、建造合同、成本费用、税务核算、债权债务、其他业务、总账八方面内容,还组织编写了《财务共享平台工程项目会计业务指导手册》《财务共享服务中心业务审核操作手册》《财务共享平台系统应用操作手册》《财务共享平台业务表单使用指导手册》。这四本手册的编制,统一了各层级业务处理流程和审批标准,指出了业务表单使用注意事项,明确了共享核算系统的操作规程,实现了集团全业务、全生命周期的有机统一,促进了业务处理效率的提高。

三、ZT 公司财务共享服务中心运营现状

1. ZT 公司财务共享服务中心职责定位

(1) 共享业务职能。ZT 公司财务共享服务中心的共享业务职能由四个会计核算类科室执行,它们分别是资产费用科、收入成本科、资金结算科和综合核算科。

这四个科室主要负责所核算机构的会计核算、资金收付结算、财务报告、税务日常工作职能;进行落地与核算环节的各项控制;进行数据资产管理;向纳入共享范围的法人单位提供账务明细、财务决算报表和管理报表、财务指标预警、财务分析数据、反馈内控执行情况的管理建议书;通过标准化的流程来配合法人单位的财务报表审计、税务检查等相关活动(确保财务报表公允的法律责任仍在法人单位自身);保管电子会计凭证、电子会计档案等资料。财务共享服务中心根据流程设置两大类科室,即专业科室和综合管理类科室(各科室可根据业务量大小划分若干业务组,由集团根据实际情况进行确定)。

(2) 运营管理职能。运营管理职能由两个管理支持类科室执行,分别是共享运营科和数据资产管理科。共享运营科负责财务共享服务中心的财务组织建设、财务人员管理和财务制度与流程管控工作;数据资产管理科负责电子档案、部分纸质档案管理,呼叫中心、财务信息系统管理,并进行财务大数据资产的管理和增值业务工作。财务会计人员参与财务部有关财务会计政策的制定,并配合股份公司财务共享服务中心的指导及监管等,以及对财务信息系统和主数据进行维护,财务大数据资产管理,增值业务,财务比率分析、预警和发布,财务数据需求分析与应用,票据归档,电子档案管理,部分纸质档案管理,会计档案稽核,呼叫中心建设、呼叫中心管理等工作。

各科室主要业务内容见表 6.1(并不局限于表中内容)。

表6.1 财务共享服务中心各科室职责

科室类别	科室名称	主要业务
会计核算类科室	收入成本科	营业收入确认；劳务(分包)结算、材料领用；专项储备、研发支出等
	资产费用科	无形资产计量确认、摊销、处置、减值计提等；利润结转、分配、工程费用计提、内部往来列账、关账；员工薪酬计算与核算；员工福利待遇核算；管理费用的报销
	资金结算科	资金收付、银行对账、汇票办理
	综合核算科	金融资产和股权投资的确认、转移和处置、投资减值和冲回、融资相关核算
管理支持类科室	共享运营科	财务共享服务中心组织管理；财务共享服务中心制度建设和维护；财务共享服务中心流程优化和完善；财务会计人员培训；参与财务部有关财务会计政策的制定
	数据资产管理科	负责财务共享服务中心信息系统的维护；财务大数据资产管理；数据整理及发布；财务数据需求分析与应用；票据归档；电子档案管理；部分纸质档案管理；会计档案稽核；呼叫中心建设、呼叫中心管理

目前，财务共享服务中心的业务主要集中在核算报销、资金结算、报表编制等基础业务。随着财务共享服务中心运营管理的不断成熟，开始涵盖资产管理、税务管理、海外核算等业务，从基本模式逐步向市场模式转变，同时升级为企业的财务信息处理中心和着眼于企业战略的管控服务中心。

2. ZT公司财务共享服务中心人员组织

整个财务共享服务中心配备一名负责人(主任)，一名副主任，一名总稽核师。每个科室均配备一名科长，根据业务量大小设置副科长岗位(副科长可多名)，各科内部按照流程或者子流程集合配备相应的岗位和职责。ZT公司财务共享服务中心组织架构如图6.3

所示。

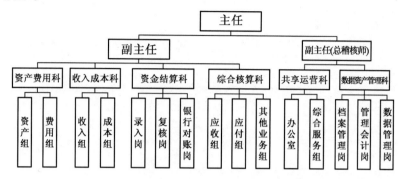

图6.3 ZT公司财务共享服务中心组织架构

共享服务中心有员工51人,其中主任及总稽核师3人,会计核算类各科室40人,管理支持类各科室8人。专业科室审批分为初审和复审两个阶段,分别对应审核制证岗和凭证复核岗,其中新入职员工不得担任复审岗位。员工每年进行一次岗位轮换,分为科室内部和科室之间两种轮换形式,并分批次执行,避免集中轮岗。

3. ZT公司财务共享服务中心软硬件配置

财务共享服务中心所需的硬件和软件平台投入由集团公司统一建设购置,2017年首批预算资金500万元,2018年和2019年后续投入近200万元。

(1)硬件配置。根据《股份公司财务共享服务中心硬件需求的建议方案》和ZT公司财务共享服务中心建设阶段性规划方案,并结合公司目前自有服务器状况择优进行选取,由集团公司科技部根据股份公司提供的硬件采购指导目录进行采购、安装和调试。办公场地方面,对总部大厦9楼办公区域进行重新规划和布置,分办公区和会议区两大类别,并按照组别分配办公区域;首批按35人配备办公座椅和办公设备,配置的计算机需全部使用双显示器;办公区域要合理布置各类标牌、标识,各组岗位职责要张贴到位。购置刀片式服务器2箱12片、存储2个、应用负载均衡器1台、链路负载局衡器1台、光纤交换机 1 台,为中心提供云计算服务。

(2)软件和网络配置。ZT 公司财务共享服务中心软件的配置初步确定为依托股份公司共享平台建设,由思源时代团队负责设计安装调试,网络带宽的扩容由集团公司科技部负责,要求满足股份公司财务共享服务中心建设标准。使用虚拟化软件,将 12 台刀片式服务器做虚拟化处理,统一硬件资源到资源池,形成"私有云"。按财务共享服务中心配置标准,配置虚拟应用服务器、数据库服务器、附件服务器及中间件服务器等,并可随财务共享服务中心规模灵活扩展。在网络带宽方面,财务共享服务中心共享内部 200M 的线路,如因网络原因而访问迟缓,可以随时申请加大带宽。

另外,财务共享服务中心上线前需上线资金管理系统 G6 和股份公司增值税管理系统,并熟练掌握两大系统进行有效宣传。

在资金系统对接方面,财务共享服务中心需要与资金系统 G6 对接,目前 ZT 公司的资金系统是 N6,需要将 N6 系统升级到 G6 系统,升级系统需提前准备的工作有:一是各单位上线之初须提前报送银行开户资料。必须将本单位所涉及的地方银行账户全部理清上报,包括项目的临时账户或一般户、工资代发户、农民工工资专户、安措费专户等。二是上线单位财务人员的 G6 电子钥匙应配备齐全。由于财务共享服务中心与 G6 资金系统在资金结算业务上是紧密相连的,通过共享发生的资金业务都要推送至 G6 系统,项目财务人员要在 G6 里进行相应的操作,电子钥匙由 ZT 公司统一办理,需要提前准备。三是客商、职工付款信息需要由项目所在公司指定的人员负责收集。按照表单录入到共享系统中,并及时更新维护,如果更新不及时会导致付款失败。四是与股份财务公司联系办理银企直联账户。

在税务系统对接方面,按照 ZT 公司财务部的统一安排按期上线税务系统,将税务系统更新完毕,以保证按期统一参加培训和调试工作。

4. ZT 公司财务转型职责划分

(1)集团公司财务部职责。集团公司财务部职责分为战略财务、业务财务和共享财务三大板块,主要负责制定集团整体的财务战略、财务政策和基本财务制度;负责集团整体的资金集中、银行授信管理和统借统贷工作,拟定集团利润分配方案,参与有关投资方案审查、资本运营的策划、资本结构调整工作;负责集团内资本监管和财务预警工作;负责集团整体预算编制工作;负责开展集团经济活动分析工作;负责集团本部的税务管理工作,并指导三级公司开展税务管理工作;负责财务重整和企业改制等财务方面的工作。

（2）子公司、分公司财务部职责。主要负责本层级财务内控管理、财务战略目标确定、财务预算目标执行、资金统筹和集中、税收筹划、财务风险管理、财务绩效考核工作;负责贯彻执行股份、集团、本公司财务管理制度;负责全公司会计档案管理和收尾项目财务事项的接收工作;负责监督和指导所属项目的财务管理等工作。

（3）各级基层财务部职责。负责本单位全面预算编制、执行分析、监控等工作;深度参与工程项目成本预算的编制工作;负责牵头组织开展本单位经济活动分析,重点参与本单位经济合同订立,物资采购、盘点,劳务收方、劳务人员管理等工作;促进项目业财融合;负责本单位银行账户管理,按照规定进行资金回笼、资金集中等工作;负责完成财务共享服务中心不能完成的现场支付业务;负责日常税务管理和筹划工作;负责本单位实物资产管理中需要由财务完成的相关职能;负责本单位纳入到财务共享服务中心的经费报销、物资（含固定资产、低值易耗品）采购、劳务结算、机械结算、职工薪酬、社会保险等业务的初审工作;负责本单位纸质版原始档案资料的归集、整理、装订、保管工作;负责确保本单位所有财务事项的真实性、完整性、可靠性;严格贯彻落实上级单位的各项规章制度和交办的其他工作;负责项目财务管理工作、项目范围内的税务管理工作、财务共享审批流程中项目财务审核职责工作、项目付款的网银制单工作、协助项目经理做好清欠和经济活动分析等工作。

第七章 建筑企业集团内部审计监督与管控

第一节 建筑企业集团的内部审计实践

1980年,我国对于建筑企业集团可以借鉴的内部审计相关理论及法规开始兴起,逐步建立了我国的内部审计准则体系,对建筑企业集团开展内部审计工作有着重要的指导意义。目前,我国内部审计准则体系主要包括以下四类。

一、内部审计基本准则

内部审计基本准则是内部审计人员开展工作时遵循的一般性原则,建筑企业集团可以参考相关规定及《审计法》,明确建筑企业集团内部审计机构和内部审计人员的责任,确保内部审计工作质量。内部审计基本准则不单指一般准则,还包括作业、报告、内部管理等准则。

目前,我国对内部审计的定义参照了国际内部审计师协会(IIA)修订的内部审计定义,《第1101号——内部审计基本准则》中的第二条明确定义了内部审计的概念:"所谓内部审计,是在使用了系统且规范方法的基础上,独立、客观地审查并且评价组织的业务活动、内部控制和风险管理的适当性和有效性,以此达到组织完善治理、增加价值的效果。"由此可见,组织增加价值、促进组织完善治理在内部审计工作中的重要性,内部审计的主要内容为确认和咨询集团的风险管理、集团的内部控制与集团的业务管理等。

二、内部审计人员职业道德规范

内部审计存在一定的道德风险,需要对内部审计人员的职业行为进行约束,从而保证审计的公正性。内部审计人员职业道德规范分别从一般原则、诚信正直、客观性、专业胜任能力、保密等方面对内部审计人员的职业行为做出具体规定。

三、内部审计具体准则

内部审计具体准则是依据《内部审计基本准则》制定的具体规范。从内部审计工作开展的角度,可以将内部审计具体准则分为作业类、业务类、管理类三类。审计计划、审计通知书、审计证据、后续审计、审计抽样、分析程序、审计工作底稿、结果沟通、审计报告为作业类内部审计。内部控制审计、对舞弊行为进行检查和报告、经济责任审计、绩效审计、信息系统审计为业务类内部审计。内部审计机构的管理、与董事会或者最高管理层的关系、评价外部审计工作质量、审计档案工作、内部审计与外部审计的协调、利用外部专家服务、人际关系、内部审计质量控制、内部审计业务外包管理为管理类内部审计。

四、内部审计实务指南

建筑企业集团可依照《内部审计基本准则》及《内部审计具体准则》来规范建筑企业集团内部审计的内容、程序与方法。内部审计实务指南包括建设项目内部审计、物资采购审计、审计报告、高校内部审计和企业内部经济责任审计指南五项。

第二节　建筑企业集团内部审计项目

一、建筑企业集团内部审计项目分类

1. 按其业务范围分类

(1) 建设项目内部审计。建设项目内部审计融合了财务审计与管理审计，以建设项目为审计对象是建筑企业集团内部审计的重要环节。其审计内容具体包括投资立项审计、设计（勘察）管理审计、招投标审计、合同管理审计、设备和材料采购审计、工程管理审计、工程造价审计、竣工验收审计、财务管理审计、后评价审计等。运用风险管理、内部控制、效益评价等方法贯穿于内部审计的各个环节。

(2) 内部控制审计。内部控制审计是内部审计机构对组织总体层次和各业务层面内部控制设计和运行的有效性进行的审查和评价。内部控制审计在全面评价的基础上，着重关注建筑企业集团的高风险领域以及与重要业务事项相关的内部控制设计和运行情况，比如资产管理、采购业务、工程项目、业务外包、信息系统等。

(3) 经济责任审计。经济责任审计是内部审计机构对本组织所管理的领导干部的财政、财务收支以及有关经济活动应履行经济责任的职责、义务的履行情况进行评价、监督和鉴证。

以经济责任审计的评价结果作为领导干部考核、任免和奖惩的重要依据，有效推进经济责任的责任追究、结果公示、整改落实，以促进建筑企业集团完善治理机制、保证资产安全、增加企业价值。

2. 按其审计实施时间分类

(1) 在建筑企业集团经济业务发生之前对被审计单位所进行的审计。

(2) 在建筑企业集团经济业务执行过程中对被审计单位所进行的审计。

(3) 在建筑企业集团经济业务完成以后对被审计单位所进行的

审计。

目前,在建筑企业集团内部审计的实践中,根据上述条件可分为事前审计、事中审计和事后审计,其中最为重要的是事后审计。然而,仅凭事后审计无法满足建筑企业集团防范风险、提升管理的需求。

二、建设项目施工准备阶段审计

建设项目内部审计是建筑企业集团开展内部审计的关键环节,具体包括建设项目施工准备阶段审计、建设项目施工实施阶段审计、建设项目施工终结阶段审计以及建设项目财务管理的审计。

建设项目施工准备阶段的审计主要围绕投资项目立项审计、设计勘察管理审计、项目招投标审计、合同管理审计、工程造价审计几个方面开展,通过对项目前期工作的事前控制,帮助和促进工程项目打好基础,实现规范、高效地运作。

建设项目施工准备阶段审计的具体内容有:审计领域编制;作品审查阶段,主要的建筑项目,可行性研究和建设程序规范;预算的完整性、真实性和理由;工程招标及有关合约内容的完整性、合法性及有效性。建设项目投资立项的审计事项主要包括以下内容。

(1)检查项目可行性研究报告。报告的可行性是通过研究过程的科学性、研究内容的完整性和研究基础的充分性,以及对研究的各个部分的分析和方案的论证来确定的。

(2)通过可行性研究的分析。研究项目建设是否融入单位经济现实。

(3)建设的必要性和时效性。全面分析新项目完成后的经济和社会效益,确定构建项目的需求。

(4)项目的建设规模是否合理,建设规范是否符合现实,标准的提高是否会增加工程成本。

(5)技术和设备的选择是否遵循"先进应用、经济合理"的原则,如果从现实出发,要在质量、施工时间、最大限度节约施工成本等条件下进行。

设计阶段是工程项目建设的核心,这是控制工程成本的关键。即使项目的设计成本对工作的总成本有很小的影响,但为设计选择的材料和满足的功能可能会对项目成本产生大约 80% 的影响。所以,设计阶段对于控制工程成本非常重要。设计阶段的审计事项主要包括以下内容。

(1)进行设计招标。良好的工程设计的要求是在最大限度地满足功能要求的前提下,最大限度地降低施工成本和施工时间。设计招标的目的是引入竞争机制。鼓励设计机构对设计建议进行综合比较分析。利用价值工程进行设计方案的优化。优化设计是在先进技术、经济合理性、功能实现和成本节约的基础上进行的,以实现经济效益和社会效益的有机结合。

(2)推广标准设计。标准设计可以均衡工程设计师的职业素养,防止其为了自己的利益而盲目地提高建设水平,可以有效降低设计风险。实践证明,标准设计可以有效控制工程成本。它节省了设计成本,加快了施工速度,缩短了施工时间,使项目能尽快投入使用,并能尽快产生效益。

(3)实施限额设计,严格控制投资额。边界设计是根据投资估算进行控制的初步设计。根据初步设计的总体评估,控制施工图设计。专业设计师被要求表现出节俭的意识,以寻求事实真相的态度,严格合理地分配投资限额,按照分配的投资限额控制工程设计,确保不超过总投资,努力减少"预算高估、投资高估"现象。

(4)修改施工计划,有效降低施工成本。施工图纸设计文件完成后,将组织专家审查建筑计划,以减少图纸中的错误和遗漏。尤其要注意审查对工程造价影响较大的部分。例如,设计是否合理,程序是否满足要求,材料类型的选择是否合理。如果采用标准设计,应严格进行审查。在施工过程中应尽量减少设计变更。对于审计发现的问题应立即将修改通知设计实体,并对修改进行审查和最终确定。

项目招投标阶段是工程准备的关键阶段。审核人员审计的工作是非常重要的。审计人员能够在投标过程中遵循监测公正、公开和公平的原则,防止伪造或偏袒。项目投标阶段的审计事项主要包括以下内容。

(1) 工程量清单审计。工程量清单是投标单位投标报价的基础，其精度直接影响工程造价的高低。金额要根据已审核定稿的工程图和清单计算规则计算工程量，以确保计算准确且详尽，尽量减少漏项，减少结算时因工程量的变化而使工程造价浮动过大的情况。

(2) 控制价审计。控制价水平直接影响投标公司的报价水平。因此，这一阶段主要包括核查投标程序的内容是否正确和完整，避免违规行为。控制价要在公平合理的基础上，尽量做到准确、完整。审核控制价的定额套用是否正确，取费系数是否准确，规费和税金等不可竞争的费用要足额计取。

(3) 招标文件审计。首先是合规性审计，即审查招标文件是否符合《招标投标法》或《政府采购法》的要求；其次是完整性审计，即审查条款内容是否全面，是否对评标办法、废标条款、合同条款、投标文件格式等主要内容进行了详细的约定；再次是合理性审计，即审查评标办法是否公正、公平、科学、合理，是否被大多数人所接受，不得有排斥潜在投标人的条款等。

(4) 项目招投标过程审计。审计招投标程序是否合法，是否按照程序进行。招投标阶段能否选出一支优秀的施工队伍，直接影响项目建设的成败。因此，这个阶段的审计是非常必要的。

合同涉及工程施工过程的各个方面，合同审计可以有效控制工程成本。例如，合同中对工程量增减的约定、变更签证的计量审核协议、工程进度款及工程结算的计量审核协议等条款，都对工程成本有直接影响。审计人员应不断加大审计力度，重点审核以下几方面内容。

(1) 在签订合同之前，审查中标人的投标文件。重点审查投标文件中对造价成本影响较大的子项，审查综合单价是否有明显的错误或与市场价格有重大偏差。也有一些项目的建设阶段可能会发生重大变化，发现问题时要及时与中标人协商，确定合理的调整单价，双方签字盖章作为结算的依据，签订合同之前的双方协商会对工程造价的控制起到非常重要的作用。

(2)检查最终签订的合同条款是否与招标文件中的合同条款一致。招标文件中的合同条款是在招标前经过严格审查的,已经对一些不合理的条款进行了修订和完善,因此要保证最终签订的合同条款与招标文件中的合同条款一致。

(3)审查规定签证变更的主要条件、工程质量、实施时间表、结算和支付方式、保修期、工程索赔、工程分包和违约责任。重点核查关于在补充条款中调整工程价格的协定是否合理,是否符合投标文件。

(4)检查是否有高于标准的私人承包现象,是否有阴阳合同等。

三、建设项目施工实施阶段审计

在建设项目施工实施阶段,内部审计人员应当通过对项目内部控制和风险管理机制运行效果的审查和检验,及时发现存在的问题,并提请工程项目加以整改。

(1)设备与材料的采购计划的审计。确保各种设备和材料要求在计划采购实体施工阶段符合设计文件和施工计划,确保资本收购提议是合理的,检查采购程序是否规范。检查批准权和采购权等不相容的职能分离以及有关的内部控制是否健全和有效。

(2)设备和材料的合同审计。遵循公平竞争的原则,优先确认供应商采购,检查设备与材料的规格、品种、质量、数量、单价、包装、付款期限、运输、交付责任等条款规定是否齐全。检查新设备、新材料的采购是否进行了现场考察、资格考试、价格合理性分析和专利权真实性验证。检查采购合同与财务结算、规划、设计、施工、施工成本之间的衔接管理,看是否存在因脱节而造成的资产损失问题。审计还需要系统地查验储存保管的材料和保养设备。检查设备和材料采购的合同并根据相关规定进行质量验收,还需检验过往审计记录是否真实、完整、有效。检查经批准的设备和材料是否妥善保管,是否存在收费不足、未收费、收费错误、文件伪造等问题。检查设备和材料的储存和保养是否标准化,安全防护是否充分,保养措施是否有效。

(3)采购和支付会计费用的审计。核实货物的价格是否按照合同的有关规定支付;审查代理采购中代理费用的计算和提取方法是否合理;审查采购成本和支出模式任意增加的问题;审查会计信息是否真实可靠;审查会计核算的符合性和管理要求的满足;审查采购成本是否准确合理计算。

(4)设备和材料验收审计。检查设备和材料验收的内部控制是否健全,验收程序是否完整;检查设备和材料的质量、数量、规格和型号是否正确,是否存在未经授权挪用或质量不佳的问题。利用损益表审计检查存货制度及其实施情况、损益状况和存货结果的处理情况。

(5)项目施工进度的审计。检查施工许可证、临时占用许可证的处理是否及时,开工是否推迟;检查拆卸工地原有楼宇、平整土地、保护文物、保护邻近楼宇、采取降水量措施及舒缓道路挤塞情况,是否影响工程的正常开展;检查在设计变更、材料、设备等因素影响施工进度的情况下,是否采取了控制措施;检查进度计划(网络计划)的编制、批准和实施情况,动态网络管理的批准是否及时、充分,进度计划是否保证工程的总体进度;检查施工组织的设计是否得到有效实施;检查是否有程序分析施工延误的原因和处理,施工延误的责任分配是否明确和合理,处理措施是否充分;检查由于管理不善影响项目进度是否有返工或工作延迟情况。

(6)项目建设工程质量控制审计。检查工程质量保证体系是否存在;检查项目提交和图纸评审工作的组织,以及评审中提出的问题的严格执行情况;检查进入现场的成品和半成品是否被接受,缺陷产品的控制是否有效,缺陷工作和事故是否与工作质量有关,责任分工是否明确和适当;检查施工是否严格按照施工工艺进行,施工过程中的初始、路径和自检制度是否健全有效;检查工程数据是否与作业同步,数据管理是否标准化;检查施工委托法人负责项目的合同执行、监督和管理的工作,工作的质量和成本的时间表;检查监督工作是否按照相关的法律、法规、规章和技术规范要求进行。

(7)建筑工程项目的投资情况审计。检查是否建立了项目变更管理程序、测量工作、计划融资和支付、索赔管理和合同管理,以确保有效执行;检查供应品和预付款是否符合建筑合同的规定,金额是否准确,手续是否齐全。

四、建设项目终结阶段审计

建设项目终结阶段的审计是内部审计人员在项目终结时,综合审查并评价工程项目的经营管理情况,总结经验教训,为其他建设项目管理提供有益借鉴,具体包括:具体审计计划;检查竣工验收团队的人员组成、专业结构和分工;检查建筑项目的验收过程是否符合现行标准,包括环境、消防等标准;检查受委托进行工程监督的建设项目,是否由监督机关核实有关工程质量监督的资料;检查承包人是否按照规定提供完整有效的施工技术资料;检查隐藏工程和特殊环节的验收情况是否受到严格控制;检查验收建设项目的程序和信息是否完整有效,成本是否按照合同和有关规定合理确定和控制。

检查施工项目完成后进行的试验的性能,并检查是否采取了纠正措施来解决在运行过程中发现的问题。

检查业主、承包商因对方未履行合同条款或发生意外而产生的索赔问题,检查其是否合理合法,是否存在串通舞弊现象,赔偿的法律依据是否充分。

五、建设项目财务管理的审计

建设项目财务管理的审计贯穿于整个建设项目的全过程。具体包括:具体审计计划;检查融资方案论证的充分性、决策方案的可靠性和合理性以及审批程序的合法性和合规性;检查融资方式的合法性、合理性和有效性;检查资金数额的合理性,分析筹集资金的偿还能力;检查筹资阶段的内部控制评价;检查评价建筑项目会计制度的健全、效力和执行情况;检查建设项目是否在税收优惠方面得到充分实施。"工程设备"项下的审计项目主要包括:"大型设备预付款"项下的预付款是否按照合同支付,是否有不正常的超额支付;支付所依据的原始文件是否按照规定获得批准,是否合法、完整;已扣除合同规定的质量保证金,是否已支付交付款项;工程竣工后剩余的工程材料,如利润、损失、报废、销毁等,是否进行了正确的会计处理。

在建工程的审计主要包括:所使用的备件和材料的生产是否包括在建筑成本中;支付所依据的原始文件是否按照规定获得批准,是否合法、完整;是否在合同中规定了在支付工程结算款项时,按规定和质量保证扣除合同规定的工程预付款。

审计"在建工程—在安装设备"累计金额的准确性,主要包括:不需要安装的设备、用于生产的工具和设备、购买的无形资产和其他不属于本项目工程支出的费用是否列入本项目。

审计"在建工程—其他支出"累计发生额的准确性、合法性及合理性,主要包括:工程管理费用、购买土地、可行性研究、临时处所、公证费用、监督费用等。检查投资贷款利息资本化计算的准确性以及生产所产生的财务费用是否包括在方案内的问题;检查项目累计金额的摊销标准和摊销比例是否适当、正确;检查是否设置"在建工程其他支出备查簿",登记的按建设项目概算内容购置的不需要安装的设备、现成房屋、无形资产和递延费用等,登记内容是否完整、准确;检查每一完成概况项目投资支出的存在或不存在,导致交付的固定资产的不准确价值,与项目概算分别进行比较,分析节省或超额;"交付资产表",将每项资产的实际支出与项目估算进行比较,以确定每项资产的节约或盈余;分析投资支出偏离项目概算的主要原因;核实建设项目和其他设备剩余资金的真实性和处置情况,包括核实建设项目现金余额的真实性、检查应收款项和应付款项的准确性,同时检查合同是否规定在工程质量保证期间为承包商提供担保。

第三节　建筑企业集团建设项目内部审计的主要风险要素

一、内部审计环境风险

内部审计环境是影响审计工作的重要因素,良好的审计环境可以减少和避免审计风险。目前,我国建筑企业集团的内部审计环境差强人意。问题在于内部审计只是服务于企业管理者的管理工具,是管理者主观意志的体现,未体现出内部审计应具有的作用。

1. 内部审计独立性受限

内部审计作为一种独立、客观的确认和咨询行为,独立性是内部审计工作实施的重要保障,只有将内部审计机构及其工作与其确认和咨询的被审计业务之间划分清利益,审计结果才是客观公正的。

然而,受到内部审计固有限制的影响,内部审计无法像外部第三方审计那样完全独立于被审计单位,此外,一些建筑企业集团的领导层忽视了内部审计的重要性,将内部审计视为服务于管理者的管理工具。鉴于此,内部审计的独立性受到限制,也为内部审计环境风险留下了隐患。

在建设项目内部审计业务中,工程管理等业务部门认为实施的内部审计事项与其本身的工作职责有部分是重复的。比如委托设计(勘察)管理的审计、施工图预算的审计、设计概算的审计、可行性研究报告投资估算和资金筹措的审计等,内部审计承担了大量管理者的职责,受到工期紧张、人员配备不完善等因素的制约。业务部门人员认为这些重复审查的工作造成额外的工作负担,影响工作进度。实践过程中,有些集团管理层为了节约成本、缩短工作周期,采取由内部审计机构取代业务部门部分工作的措施,这不仅加大了建设项目的整体错报风险,也造成内部审计机构屈服于业务部门和管理压力,从而影响评价结果的客观性,失去了内部审计应有的独立性。

2.内部审计实施工作的局限性

内部审计在开展审计业务工作的过程中,审计方法和审计范围受主客观局限。首先,内部审计机构属于集团内部管理部门,当审计事项涉及外部单位如供应商、委托设计(勘察)机构、投标机构、监理机构等时,调查取证工作可能无法顺利开展;其次,受建筑企业集团项目性质的影响,在项目实施过程中,工程管理部门和监理机构、委托设计(勘察)机构等由于长时间工作生活在一起,可能会导致因亲属关系、经济利益关系等产生较高的审计风险;最后,受工作环境局限性的影响,内部审计机构从业人员的专业性和经验、能力相对不足,也使得审计风险增大。

二、内部审计组织风险

内部审计组织风险与项目各个阶段的工作计划管理制定、资源配置、组织沟通协调、进度管理等紧密相连。

1.审计计划安排不合理

建设企业集团内部审计项目的工作计划安排不够科学合理,审计前研究调查不够全面,对于审计计划的要素审计对象、审计期间、审计范围、人员安排、审计费用等安排不够具体,从而导致在审计实施过程中,因工作开展深度、工作难度、审计预算等诸多因素估计不足,难以按照计划开展工作,降低了审计效率,增大了审计风险。

比如在检查工程监理执行情况时,发现监理单位将对施工方处罚的罚款直接打入监理负责人的个人账户中,这种情况从项目施工开始至审计发现时,累计收到罚款高达20万元。虽然根据委托监理合同的规定,对施工方处罚的罚款应由项目发包方、监理方、施工方共同签字确认,但发包方未对该笔款项的收支情况进行监督审计。

如果审计计划能够全面、及时地部署，这一情况可能就不会发生。

2. 组织协调能力有待加强

组织协调能力是影响内部审计人员形成团队协作意识、激发工作积极性的主要原因。在大多数建筑企业集团中，内部审计机构作为一个独立于业务部门的内部监督评价机构，却没有取得高于被审计部门职权层级的领导或机构的有效充分的支持，进而导致审计信息掌握不充分、内部审计人员工作的积极性降低，内部审计的地位和作用被削弱，从而形成组织风险。

三、内部审计技术风险

1. 内部审计人员综合素质有待提高

内部审计人员是实施审计工作的主体，很大程度上影响了审计风险。建筑企业集团的内部审计部门人员主要由财务、审计相关专业的人才组成，但是与土木工程技术、工程管理等专业相关的人才较为贫乏，笔者通过走访相关专业人员发现，他们几乎没有将从事内部审计工作作为职业规划和发展前景。

内部审计人员综合素质无法适应当前市场经济条件下现代企业的发展需求，就很可能引发审计技术风险。

2. 内部审计模式有待更新

建筑企业集团内部审计工作主要为合规性检查，这种审计模式主要针对业务自身的实施情况，而对存在问题的原因剖析和对组织系统运行的有效性缺乏论证，难以有效防范集团的自身风险，最终也难以实现内部审计的价值及完善集团管理水平。

在对建设项目开展内部审计的工作中，对建设项目的相关资料、项目施工现场等进行的审查，主要以事后审计为主，并没有开展事前审计、事中审计、事后审计的全过程审计，从而降低了审计质量，引发了审计风险。

按照本章前述的内部审计概念,内部审计工作应在集团全局战略目标的基础上,将风险管理、内部控制与集团治理相结合,识别、评估风险,将审计模式提前为预先控制风险的事前审计,从传统的合规性审计向增值型审计发展,这样才能够发挥内部审计的价值。

第四节 建筑企业集团增值型内部审计的风险管控路径

一、建立动态内部审计预警机制

动态内部审计预警是通过建立预警机制,运用大数据等信息分析技术,对审计结果分析并及时预警的过程。遵循动态性和可预警性的基本特征,动态内部审计预警本质上是一种事前审计职能,其目标是通过风险识别和风险分析对风险进行管控,核查被审计单位的系统数据。通过动态内部审计预警机制,可实现系统数据的实时监测,获取目标指数的变动情况,并对监测结果和监管标准进行分析、比较,预测系统的变化趋势,最终得出预警的系统框架。

在建筑企业集团中,建设周期长、投资规模大的建设项目,应作为首选的动态审计跟踪对象。对于以往审计过程中存在的问题和重点事项动态追踪,尤其是对影响因素过多、周期较长的建设项目,要进行实时监测,及时提出风险预警并采取相应的干预措施。动态内部审计预警机制能够帮助内部审计人员依据规范的体系确定重要性水平,从而较为科学、准确地确定风险点和控制的薄弱环节。此外,增值型内部审计还要求内部审计人员与各业务部门管理人员充分沟通,深入分析集团各价值链环节的运营状况,及时完善风险预警机制,提出切实可行的建议,实现内部审计价值。

二、从关注经营审计转变为重视战略管理审计

当前,建筑企业集团的内部审计工作主要扮演纠错防弊的角色,发挥着评价和监督的职能,着重审查和监督财务信息的准确性和真实性。然而,随着集团内部管理水平的日益完善,这种纠错防弊的角色已不能满足现代管理的需要,确认和咨询职能变得越来越重要。确认职能是指内部审计人员通过开展审计工作得到与特定经营领域相关的信息,进而为管理层做出经营决策提供信息。咨询职能是指内部审计人员针对审计过程中发现的具体问题提出建议,参与集团经营决策,实现价值增值。

为了发挥确认和咨询职能,增加企业价值,集团管理层必须从全局视角出发,注重战略管理审计。另外,内部审计人员也要成为战略决策、实施的支持者,满足集团管理层、董事会的管理需要。战略管理是集团管理职能中的重要环节,内部审计想要提升自身地位、发挥价值,就必须参与到战略管理当中。

内部审计人员要树立战略性的思维模式,以增加组织价值为目标,分析集团面临的内、外部环境,参与制定企业的战略目标。这就要求内部审计人员完善自身的职责领域,全面开展风险管理审计、预算管理审计、建设项目审计、经济责任审计、后评价审计、内部控制审计等,针对具体事项和环节进行监督并提出改进建议,参与到企业文化建设和公司治理中来,为集团的战略和经营决策提供确认和咨询服务。

三、完善组织体系、制度体系建设,确保内部审计机构发挥作用

建筑企业集团处于生命周期的成长期或成熟期,面临集团的发展趋势和战略导向,集团需要通过有效的组织体系建设、制度体系建设来保证内部审计机构的独立性、公正性和增值性。

1. 组织体系建设

集团管理层从战略层面、整体层面对内部审计部门开展建设,进一步扩大内部审计队伍,增强内部审计力量,确保内部审计工作的顺利开展。集团向子公司派驻内部审计监事,由集团内部审计部门统一管理,实现资源共享,充分发挥审计队伍的作用。此外,建立全方位的监督体系,使内部审计与董事会监督、监事会监督、财务监督、民主监督形成合力。

2. 制度体系建设

首先,内部审计涉及集团所有部门,集团制定相关制度条例,赋予内部审计部门对各部门经济活动全面审计的权力,包括工程管理部门、财务部门、人力资源部门等。其次,内部审计涉及所有领域,通过制定相关制度条例对风险管理审计、预算管理审计、建设项目审计、经济责任审计、后评价审计、内部控制审计、工程造价审计等进行统一安排,确保内部审计工作顺利实施。最后,集团可采取审计激励与约束机制,赋予内部审计部门在披露管理缺陷及舞弊方面的经济处罚权,也可以赋予内部审计部门奖励建议权。通过奖励优秀的被审计部门,使内部审计工作顺利开展,也更容易获得被审计部门的配合。

第八章 "大智移云"背景下企业集团财务管控的发展

第一节 "大智移云"物区概述

　　互联网技术不断改变人们的生活观念和生产方式。2013年,中国互联网大会首次提出了全新的互联网载体——"大智移云","大智移云"是大数据、智能、移动互联、云计算技术的交融。2014年,在中国互联网大会上,邬贺铨院士提出"大智移云"时代即将到来,以这四种互联网技术为代表,同时也标志着我国信息技术的快速发展,将使人们生活的各方面更加智能、高效,会对传统的工作方式带来颠覆性影响,推动各类工作数据化、无纸化、自动化、智能化。人们的一言一行、自然的瞬息万变都将被记录并存储,海量的数据将为决策和预估带来充分的客观依据。同时,高效的信息技术将使人们的生活更加便利,信息共享更为及时全面,从而加速全球化进程。同样,在财务会计领域,"大智移云"也将帮助会计人员从冗杂重复的审核工作中解放出来,数据核查及上传自动化提高,数据存储及共享更加高效,会计人员可以借助智能程序设计自动完成基础分析工作,从而更加专注于高级分析,会计职能由财务会计向管理会计转变。正如近年财务部发布的相关文件所强调的,会计人员的角色定位和财务工作应随着信息时代的发展予以调整和适应,企业集团必须重视和加强会计信息建设,以此作为当前发展的重要任务。

一、大数据

大数据(Big data)是由 Viktor 和 Kenneth 首次提出的,在他们编撰的《大数据时代》一书中,提出"大数据"是一种庞大、有效且多样化的信息资产,可以进行信息技术分析和数据处理。随着信息技术的不断发展,大数据逐渐被人们接受和运用。大数据具有数据量大、速度高、多样性、价值密度低和数据真实等特征。在信息数据化时代,人们的日常活动都会被记录并存储为海量数据,若对这些数据进行分析和管理,将有效帮助人们掌握事物发展规律从而更好地把握未来。

处理大数据的基本步骤为:首先,从各种数据源中提取数据,然后执行集成和清理工作;其次,根据数据特点及分析要求选取合适的统计方法及技术对抽取的数据进行分析;最后,按照客户需求,采用可视化呈现、建模列表等技术,展示大数据分析的结果及合理性。

大数据技术为研究和决策带来海量资料的同时,也隐藏着数据泄露、数据造假、数据能耗等风险,因此,在构建高流动性、高共享性大数据库以提高数据使用效率的同时,也要注意数据核验与数据安全,注重与其他技术配合使用,推动数据利用的高效化、海量化、安全化、客观化。

二、智能化

智能化主要指使计算机学习并模拟人的思维过程和智能行为,完成复杂度及灵活度较高的工作,并且具备一定的应变能力。

智能化运用物联网等一系列信息技术的支持。物联网(Internet of Things)是一种新型的智能信息网络,是伴随着信息互联、无线通信、信息感知、卫星定位和其他技术的快速发展而产生的。物联网是指任何元素通过检测设备与互联网的连接。信息按照约定的信息协议进行信息交换和网络通信,以进行智能识别、定位、监视和管理。因此,物联网本身是一个基于 Internet 扩展和发展的网络。用户通过信息感应设备将物品连接到 Internet,以下载实时物品信息,从而通过技术进行智能识别、定位、跟踪、监视和管理,总体来说,物联网是高度发达的信息技术带来的成果。

三、移动互联网

移动互联网是结合了移动通信和互联网通信的产品,它不仅体现了实时移动通信的优势,还体现了共享、开放性以及和 Internet 交互的优势。我国 2011 年发布的《移动互联网白皮书》中描述了移动互联网的三个关键要素分别为移动终端、移动网络和应用服务。移动互联网将手机、电脑等可移动终端接入 2G/3G/4G/5G 的移动网络,使得终端在网络覆盖区域内可以自由移动,同时也可以实时与其他终端进行互动联系,或者进入互联网进行信息查询、交流及使用相关应用服务等。

移动互联网的高度便携性使其相对于台式电脑等固定式网点有不可比拟的优越性。移动互联网在一定程度上保护了客户的隐私。如今手机和手提电脑的普及率高达 80% 以上,人们在共享网络的同时,也可以通过设置移动终端密码及权限保护自己的隐私,且当前的移动互联网应用服务商越来越重视客户信息安全的保障。当然,移动互联网也存在一定的局限性,比如数据盗取或者泄露的事件时有发生,且受到网络容量及服务中心硬件条件限制,当网络流量过大时,会出现断线甚至瘫痪等问题。

移动互联网的产生和发展,极大地便利了人们的生活,推动了传统商业模式的转变,网络经济日益发达,电商平台逐渐超越传统的门店经营,成为人们更偏好的选择。同时,手机支付、线上社交、短视频直播等新兴网络平台的产生,不仅使人们的日常生活更加丰富多彩,而且使信息共享更加多样化、个性化、有趣化、高效化。未来,移动互联网技术与云计算、区块链、物联网等技术的结合,有望进一步发挥其便捷优势,并克服承载能力弱、安全性不高等问题。

四、云计算

云计算是大数据分析的基础和关键。云计算既是大数据存储和管理的技术基础,又能运用大数据进行分析,提供决策依据。

目前,对于云计算没有统一的定义,美国 IBM 公司提出:"云计算是提供 IT 服务的新方法,应用程序数据和 IT 资源可以以灵活的价格快速通过网络为最终用户提供标准服务。"美国国家标准与技术研究院(NIST)将云计算定义为一种随用随付模式,能够提供可用的、便捷的、按需的网络访问,并提供可配置的 IT 资源共享池。具体资源包括网络服务器、存储、应用软件等服务,这些资源可以快速交付,几乎不需要管理,也不需要与服务提供商进行交互。总体来说,云计算技术可以立即处理成千上万甚至数十亿的海量数据,集成数据资源并进行系统复杂的处理,用户可以根据集成的数据资源,随时获得所需的信息和服务。同时,用户不需要购买全部数据,只需要根据需要租用这些服务,相对于用户自己建立云计算中心而言,云计算服务极大地降低了用户成本,提高了数据的利用效率。

云计算技术同时还具有网络性、共享性、安全性、可计算性和高弹性的特征。云计算技术的特殊优势是存储在云上的数据不容易丢失,并且不会占用用户设备的内存。

按照云计算技术部署方法和范围进行分类,云计算可以分为三种模式。第一种为公有云模式,即由服务商构建和管理云系统,并根据客户需求提供相应服务,客户根据获取服务量来支付费用,云系统的维护管理费用由服务商承担。公有云对于客户而言具有成本低的特点,但由于客户自身无法对云系统进行控制,因此数据安全性比较低。第二种为私有云模式,指数据使用者自行构建云系统,但是不提供外部服务。与公有云模式相比较,私有云模式下的云系统可操控性、数据安全性较高,但对设备和资金的要求很高,一般适用于大型项目。第三种是由公有云和私有云综合而成的混合云模式,云服务提供商在使用云系统时向客户提供云服务。这种模式结合了公有云模式和私有云模式的优势,但对云服务提供商的数据管理功能也提出了更高的要求。

第二节 "大智移云"背景下企业集团加强财务管控的必要性

一、适应经济全球化

"大智移云"以其共享性、便捷性大大促进了经济全球化。线上支付、线上购物的兴起使得产品与服务的生产和交易不受时间和空间限制,跨地区的贸易往来大大增加,大力促进了经济全球化发展。同时,随着经济全球化和"大智移云"等信息技术的飞速发展,跨地区、跨行业的企业集团兼并重组将越来越普遍,集团规模和分布范围将不断扩大,这些形势对企业来说既是机遇也是挑战。这些情况在提高企业商业资源利用率及服务效率的同时也带来管控难度加大、信息不协调、战略目标不一致等问题,从而导致企业运行效率降低甚至瓦解。因此,"大智移云"在加速经济全球化的同时,也给企业内部管理带来挑战,企业应积极运用"大智移云"完善内部管理系统,促进信息共享及实时监管,以加快适应经济全球化。

二、提高数据安全性

"大智移云"促进了海量信息的数据化、集成化、智能化、共享化,数据重要性日益提高的同时也使得数据安全问题带来的不良后果更为严重。不同于普通的数据盗取,在智能化的加持下,信息犯罪将更为复杂化、难辨别,甚至出现智能黑客系统严重威胁商业机密及国防安全。因此,在享受"大智移云"带来的信息化便捷服务的同时,也要注意数据系统的维护和备份,努力提高对数据系统的内部控制能力。

三、增强企业信息化办公程度

"大智移云"背景下的信息技术时代,生产和生活无时无刻不与大量的数据相关联,企业通过网络与产业链上下游、客户、监管部门、竞争者产生联系,并需要及时处理来自各方的多元化数据,及时从数据中摄取有效商业信息。因此,无论是基层还是管理层的企业员工,在借助"大智移云"更高效地获取并使用数据的同时,也需要提高自身数据分析能力,否则终将被人工智能运算系统取代。并且,当企业信息化程度跟不上市场发展速度,甚至无法及时获取市场信息并进行交易时,就会被淘汰出高速发展的信息时代。因而,企业应该加强内部工作系统的升级,及时改善自动化水平和工作智能程度,从而实现企业的信息化。

第三节 "大智移云"背景下的企业价值创造

随着大数据、移动互联网、物联网和云计算等新兴信息技术的不断发展,以及在社会和经济各个领域的不断应用,全球数据量呈爆炸性增长态势。同时,随着诸如数据类型和来源的多样性,数据生成和分析的实时性以及数据值的低密度之类的复杂功能变得越来越明显,对信息处理技术的要求也越来越高。通过收集、整理和分析庞大且复杂的数据,不仅可以提高社会经济发展的预测能力,还可以为企业不断创新和发展提供新的渠道和思路。在"大智移云"技术的影响下,新的业态不断出现,为互联网的创新和企业的发展提供了广阔的空间。"大智移云"时代的经济和社会价值存在于社会经济各个领域的创新应用中,它的潜在价值将成为信息技术和各个产业发展创新的重要源泉,也为企业集团的价值创造提供了实施途径。在"大智移云"背景下,企业集团的价值创造具体体现在以下三个方面。

一、产品和服务价值

大数据技术的成熟和发展大大降低了消费者与企业之间价值链的信息不对称程度。基于大数据提供的价值功能,系统可以使虚拟和真实价值链中的价值创造活动协同工作,打破公司的内部信息孤岛并实现各种目标。部门之间的信息、企业和外部利益相关者之间的信息是高度共享和协调的,这促进了各种价值创造在系统中的无缝链接。

企业集团的产品和服务价值主要体现在:首先,公司通过多元化的信息渠道获得全面的客户信息以及客户对产品功能的需要,进而提供更具针对性的产品和服务。企业还可以及时获取用户意见,使客户深度参与甚至主导服务提供的过程,从而增加用户对价值创造系统的认同感。通过对顾客和相关价值群落的管理以及更有效的资源再配置,系统能够不断创造和传递新的顾客价值,并通过不同的价值转移渠道实现产品和服务的创新。其次,大数据技术也使得分散和孤立的客户可以通过多种渠道了解各种产品信息,需求逐渐呈现出个性化和多样化的趋势,促进企业开发差异化产品。运用大数据处理技术,通过交易平台可整合信息片段,使打造定制化的专属产品成为可能。分散的碎片化信息被大量收集、传递,通过信息加工后整合成为大数据,可以用来预测产品、技术和社会需求等方面的变化,在提供标准服务的基础上为产品增加个性化的附加价值。

二、营销价值

在"大智移云"背景下,市场营销应从顾客需求的角度出发,进而通过产品、服务和客户之间的融合,驱动企业产品、服务及商业模式的创新,创造企业价值。企业实践经验表明,与客户需求相关的信息是大量的、具有社交属性和创新性的。企业通过营销产生的内容不仅使流量持续增加,吸引更多与客户有关的参与者发布信息和需求,而且使这些信息成为社交媒体内容生成的基础,这些信息和需求在相关的人群(如产品设计师、制造商、供应商、物流提供商和分销商等)之间动态共享。另外,电子商务平台、社交网络平台、移动终端、检测设备等促进了客户信息数据的迅速增加和集成,来自不同渠道的数据集成形成了信息闭环,为及时、全面、精准地了解顾客需求奠定了基础。

深入了解客户需求是升级企业原始价值系统的起点,更是创造企业价值的根源。利用客户需求的反作用力,可使企业对商业模式进行重新审视、优化和重新设计。在了解客户深层次需求的基础上,通过信息技术及时发布、推送有关产品或服务的有针对性的信息,以提醒或刺激客户的内部需求,促进客户的购买欲望并改善行为习惯。这种营销战略是公司收集数据、集成数据和匹配客户信息以及与公司提供的产品和服务实现融合、匹配和应用的结果。通过大数据应用准确掌握不同顾客群落的消费足迹和习惯偏好,让不同价值群落之间潜在的连接关系显性化,进而形成多样化产品定制开发的能力,满足不同价值群落的需求,实现超额的营销价值增值。在"大智移云"背景下,满足消费者的需求正迅速成为提升企业核心竞争力的方式。就如大数据之类的信息技术发展促进了来自各种渠道、各种产业的数据集成,并促进了价值链中的企业形成一体,共同实现价值增值。

三、产业价值

大数据、云计算等新一代信息技术的应用已经在消费领域、生产领域、物流领域和金融领域等各个方面形成了大数据。来自不同领域的数据集成促进了新型产业模式的创建,将不同的价值共同体整合到价值体系中,使大数据本身逐渐成为独立的生产要素。大数据作为重要的生产要素和重要技术,参与了价值创造的过程,其交叉变异的影响越来越明显。当前,以大数据为核心的产业链已经形成,并发展出数据自营、数据租售、知识信息租售和数据众筹等不同形式的产业创新。通过大数据技术平台,客户与制造商、渠道提供商和服务提供商之间的互动缩短了价值创造的距离,整合了制造商、销售商的价值,创新和升级了"制造—零售—服务"链条,创造了产业价值。

"大智移云"技术推动了信息技术在产业和社会生活中的应用价值,大数据的挖掘能力提升了企业集团决策的智能化水平。新一轮的信息化浪潮已经呈现出重塑产业结构的影响力和号召力,产业结构和产业规模与过去相比形成更大程度的整合,这对产业变革来说既是机遇也是挑战。在这种形势下,企业要抓住机遇实现产业价值,以改革促发展,以技术变革和产业结构创新迎接"大智移云"时代。

第四节 "大智移云"背景下加强集团财务管控的策略

科技进步对企业内部控制造成了重大的影响,主要表现为计算机与信息技术的迅猛发展对企业内部控制策略的重大改进。完善企业内部治理,加强和规范企业管理工作是企业改革和发展的重要目标之一。本书通过分析科技进步对企业治理的影响,提出"大智移云"背景下企业治理的优化策略。

一、强化企业高管意识,建立员工管理机制

完善企业集团内部控制体系建设,提高内部控制管理水平,发挥内部控制作用。依据企业自身发展情况,对内部控制的内容要进行梳理,特别是企业集团内部的财务管理工作,如财务预算、会计核算、财务报表、员工的行为规范、审核制度等。对岗位进行合理划分,改善组织结构,明确岗位责任,调动各部门工作的积极性,提高管理者的思想认识,规范内部岗位设置,使各部门相互配合、监督、制约。对内部控制的薄弱环节进行强化,制定民主的奖惩制度,要充分考虑到企业的发展要求,内部控制的工作要公平开展,增强工作透明度,在企业内部构建完善的内部控制制度。

在"大智移云"背景下,强化企业高管及其员工的网络安全意识尤为重要。要定期面向企业管理者和工作人员开展网络培训活动,帮助相关人员深化对系统安全风险的认知,使其在日常工作中严格遵守规章制度,避免人为原因导致安全隐患的发生,以使系统安全性得到提高。在对负责管理网络系统的人员进行培训时,应着重考虑以下内容:首先,保证管理人员具有高超的专业技术;其次,强化管理人员视察并发现问题的意识;最后,锻炼管理人员及时处理所发现隐患的能力。例如,运用对病毒具有预防效果的安全措施;实时控制系统,防止病毒侵害;定期检测硬盘,对病毒进行查杀;定期备份信息和

文件,尽量减小信息丢失带来的影响。除此之外,还可以视情况对技术认证、数据加密等安全措施加以运用,严格管理重要的网络设备,杜绝黑客入侵。

由于现阶段企业人员内部控制意识不强,企业管理人员应该加强对基层员工的管理力度,做好日常内部控制管理工作,严格贯彻与落实。在实际管理过程中,企业应按照《企业内部控制基本规范》和《企业内部控制配套指引》等规范要求,结合自身情况,找出内部控制中存在的问题,并针对内部存在的不足,做好相关工作。与此同时,企业管理人员、内部审计工作人员必须定期组织召开内部控制工作总结会议,严厉监督不同部门的执行情况和改进成果,防止对企业经营活动造成不良影响。如此一来,企业集团内所有员工的内部控制意识将会得到全面提升,有助于实现预期的战略目标。

二、持续优化业务流程,推进财务业务一体化

在"大智移云"背景下,业务部门必须结合财务制度的要求,对采购、生产、销售等关键环节进行制度调整,实施业务流程再造与创新,规范业务流程,确保业务合规开展,助力财务工作的推进。财务部门也应结合业务部门的实际业务需要,及早介入业务开展过程之中,对财务制度和财务流程做出适当调整和创新,使财务和业务相融合,为业务的发展提供财务支持。通过业务与财务部门的共同努力,必能提高业财融合效率和质量。流程的重新设计和创新反映了企业集团业务管理的基本创新思路,对业务管理、运营模式等进行全面改革,可以衡量企业的绩效,在财务、客户、内部流程和创新等方面取得的重大进展。大数据信息技术为企业集团带来了创新的管理理念和创新的运营决策模型。信息技术的发展为企业集团提供了通过流程创建和创新来实现变革的机会。同时,流程再造也为大数据信息技术提供了途径,两者之间相辅相成。

2017年,元年科技发布了一款智能化网络数据管理平台。智能化网络数据管理平台可以执行深度数据挖掘并确保处理和分析的速度,因此,企业可以实时捕获市场趋势并准确分析需求以及消费者的

偏好,对外可以加强上下游企业间的信息交流,对内有助于企业内部各部门数据信息的共享。这为企业提供了全面的、综合化的支持平台,以便于企业集团开展预算管理、资金管理、财务报表分析管理以及评估人力资源管理等,有效促进业财融合,为企业创造经营价值。通过数据使用能力建设,夯实风险防控基础,统一数据口径,确保各部门间流程衔接环节维护和使用一致的数据,保持流程内控措施的连续性,避免出现账实不符、账账不符。整理各类历史存量数据,加强分析并建立相应数据模型,辅助决策和经营分析,提高风险防控水平。通过梳理业务流程中业务部门与财务部门在流程接口处的职责划分,优化相关控制措施,实现业务与财务工作的有效衔接,进而实现业财融合。

三、建立企业核心数据库,关注数据安全

在企业集团的经营发展中,越来越多的企业集团选用内部信息化管理平台,以实现信息整合和快速传递,如 OA 系统、ERP 系统等。通过这些信息管理平台,借助大数据信息技术,可以实时传达信息数据,从而提供更高效和智能的控制,使公司的内部控制达到一个新的高度。在互联网环境下,信息化是大势所趋,企业应该建立核心数据库,使各部门相互连接,形成一个有机整体。核心数据库的关键就是计算机,它的作用是对原始数据进行实时采集和分析,为企业管理者制定决策提供依据。需要注意的是,虽然兼具自由化、自动化特点的核心数据库的出现,给企业带来了极大的便利,但也对安全工作提出了全新的要求。

首先,企业管理者应选派专人负责系统安全维护的工作,避免由于安全风险的存在,导致信息出现失真的情况。另外,该项工作的内容还包括维护系统硬件、软件和程序性系统,这样做的目的是尽量减小不可控因素带来的影响。由此可见,企业管理者应将更多的精力放在引进、培养专业维护人员方面,这样做可以使内部控制质量得到显著提升。其次,企业在内部控制执行的过程中,一旦在各项信息的收集中出现滞后现象,将会严重影响到企业正常的经营效果,难以保

证内部控制良好的实施效果。因此,企业要想充分明确自身经营运作情况,就必须积极构建数据收集和沟通系统。信息化技术的不断发展和进步,要求企业积极将信息技术管理纳入内部控制中,提高数据收集和传递的时效性,并对信息成本加以有效控制,确保企业自身经营效率的稳步提升。最后,在内部控制过程中,不可忽视的就是要不断提高信息化水平。企业要加强大数据工具的使用,作用于企业的采购、销售以及仓储等环节,发挥出资金的使用效益。企业还要利用大数据工具深入分析潜在客户的实际情况,确保市场预测和判断准确无误,确保企业资金周转速度的稳步提升。

信息技术的发展以及各个领域的深度集成可以为业务发展和管理模式开辟新的视野。对于建筑企业集团而言,进行内部控制管理时,建立一套核心数据库系统能够有效控制有关制度的落实,能够加强对企业员工的管理。核心数据库的建立,不仅能够使企业中的每一位员工快速清楚地明白自己的职责所在,对审查监督工作的准确性和客观性也有较大的成效。对于建筑企业集团,数据库系统应包含简洁明了的内部通信传输渠道和各个项目之间的信息情报,尤其是要保证集团数据库系统中数据的准确性和时效性。

四、建立健全法律法规,完善内控制度建设

在企业中,会计机构扮演着重要角色。现阶段,一部分会计从业人员在会计工作中没有考虑职业道德,并且会计监督的权力无法正常行使,这使得某些财务总监或业务负责人可以利用内部控制缺陷,利用虚假发票或其他方式侵占公司资产,甚至还参与违反法律和纪律,贪污、腐败、挪用公款等。这些问题严重影响了内部控制和业务的整体发展。因此,建立和维护公司会计从业人员的法律意识和职业道德不容忽视。可以从了解法律法规的宣传内容和加强执法力度等方面解决上述问题。因此,企业应改变思想观念,加强内部控制环境的建设,为有效发展内部控制管理创造良好的内部环境。

1. 提高企业内部风险管理意识

随着现代市场经济的不断发展,我国经济发展突飞猛进,经济规

模跃居世界前列。在从计划经济向市场经济过渡期间,企业的经营风险也随之增加。从企业战略到生产经营,从生产经营到内控管理,风险存在于企业发展的每个层面。企业风险管理的最终目标是识别风险、转移风险、避免风险、优化风险,为企业的良性经营提供优质环境。因此,在企业的生产经营过程中,做好内部控制与风险管理尤为重要。企业只有及时识别风险,学会风险平衡、风险优化,做好内部控制和风险管理,才能给自身的发展营造一个良好的环境,在行业竞争中脱颖而出。企业管理层必须树立风险管理意识,从风险管理的角度出发,加强内部控制管理的有效开展。公司的内部控制工作必须分析公司运营所面临的风险,并根据公司面临的风险制定合理的应对策略。在此过程中,可以应用大数据等信息技术有针对性地提高数据分析的准确性和风险评估的准确性。

2. 利用大数据技术加强预算控制

预算在传统企业中的管理方法是自下而上的沟通和批准,这种传统预算模式时效性太差,导致工作效率较低。现代预算管理模式可以基于大数据技术确立一种信息集成与共享系统,并结合各个部门收集到的信息进行预算编制,确保企业的预算管理有效融合,通过数据管理系统实现预算数据和信息的分析处理,使企业的预算管理功能向辅助管理和战略决策靠拢。

3. 大数据为企业内部监督提供有力支撑

构建公司内部控制的评价机制可以监控内部控制环境、风险评估以及信息交流等,通过对大数据的运用可以帮助实现这一过程。首先,运用大数据可以收集、分析和处理大量的数据,数据既可以来源于集团内部的信息化平台,也可以来源于互联网及物联网平台,为内部控制的监督机制提供支持和保证。其次,内部控制的管理必须标准化和制度化。通过建立内部控制的制度化,对整个过程进行内部控制的管理,为企业的生产和经营创造良好的环境条件。最后,加强内部控制在企业内部管理建设中的重要地位,提高内部控制的有效性,更好地服务于企业经营发展,实现内部风险控制管理的创新建设。企业应从实际出发,优化内部控制管理建设,巩固企业发展基础。

4. 与外部力量协同合作实现外部监管

企业内部控制的完善和发展,不仅取决于企业自身的不断完善,还必须依靠外部力量的协同配合。随着政府职能的转变和企业服务质量的不断提高,进行外部业务监督确实可以帮助企业实现内部控制。政府部门、工商管理部门、税收管理部门和审计部门等执法部门的合理干预,可以在支持业务发展中发挥重要作用。此外,还要加强社会中介机构的监督职能,充分发挥外部注册会计师的监督作用。外部注册会计师及其会计师事务所是具有强大专业能力的组织,并且属于外部第三方机构,当企业邀请中介机构进行年度财务报告审核时,可以借此机会要求特许会计师对内部控制系统的有效性进行评估。严格的检查和监控可以通过内部和外部监控的合作,帮助公司有效地促进内部控制管理的实施,并促进公司的法律健康和可持续发展。

参考文献

[1] 陈宏伟. 中国建筑企业价值提升机理研究[D]. 北京:北京交通大学,2010.

[2] 邓恂. 房地产公司价值驱动因素研究——基于中国上市公司数据[D]. 重庆:重庆大学,2017.

[3] 陈菡,陈少华. 价值创造型管理会计的实践——厦门航空"大财务"管理模式[J]. 财会月刊,2017(10):74-78.

[4] MODIGLIANI F, MILLER M. The cost of capital, corporation finance and the theory of investment[J]. The American Economic Review, 1958, 48(3):261-297.

[5] 戴昕. 价值创造型财务管理的实现路径与效果分析——以万向集团为例[J]. 财会通讯,2019(8):75-79.

[6] 程艳,张杰. 信息化条件下"随需管控"财务模式的实施与建议——以中国船舶工业集团为例[J]. 财会通讯,2019(5):83-88.

[7] 李洁. 价值创造视角下内部控制优化措施探究[J]. 中国管理信息化,2018(21):28-30.

[8] 池国华,邹威. 基于EVA的价值管理会计整合框架——一种系统性与针对性视角的探索[J]. 会计研究,2015(12):38-44,96.

[9] 袁业虎. 基于迂回生产与智力资本的企业价值创造内在机理研究[J]. 当代财经,2014(11):111-118.

[10] 法约尔. 工业管理与一般管理[M]. 迟力耕,张璇,译. 北京:机械工业出版社,2015:44,16,17.

[11] 张先治,晏超. 基于会计本质的管理会计定位与变革[J]. 财务与会计,2015(3):9-11.

[12] 王卫星. 基于多学科视角的企业财务管理拓展与创新探讨[J]. 会计研究,2016(11):30-37,95.

[13] 黎群,章彩云. 企业集团母子公司文化管控的影响因素[J].

经济与管理研究,2016,37(11):125-134.

[14] 阿尔弗洛德·拉帕波特.创造股东价值[M].北京天则经济研究所译.昆明:云南人民出版社,2002:176.

[15] 李守武.财务转型的探索与感悟[J].财务与会计,2016(20):18,20-21.

[16] 胡靖.集团财务共享模式下风险管控的挑战及应对[J].财务与会计,2016(8):56.

[17] 张先治,顾水彬.管理控制研究主题与研究方法的变迁——国外A类期刊40年研究文献的回顾[J].经济管理,2011,33(12):173-184.

[18] 李志斌.组织转型与管理控制系统变革[J].现代管理科学,2008(11):115-116.

[19] KEN B, JESSE S. The vision thing: Without it you'll never be a world-lass organization[J]. Leader to Leader, 2004(31):21-28.

[20] WILLIAM D, MICHAEL E. The Competitive Advantage of Nations[J]. Foreign affairs (Council on Foreign Relations), 1990, 69(4):180.

[21] 张维迎.公司治理中的价值创造与财富分配[J].中国高新技术企业,2005(6):82-83.

[22] 刘淑莲.企业价值评估与价值创造战略研究——两种价值模式与六大驱动因素[J].会计研究,2004(9):67-71.

[23] 梁正英.建筑企业财务风险管控研究——以LJ建筑集团为例[D].北京:首都经济贸易大学,2016.

[24] 陈碧可.石油化工行业企业集团财务管控模式研究[D].郑州:河南财经政法大学,2016.

[25] 苏营营.建筑企业集团的财务管控研究[D].济南:山东建筑大学,2014.

[26] 王洪冬.中铁十九局集团有限公司财务风险管理研究[D].长春:吉林大学,2015.

[27] 吴方红.基于内部控制的建筑企业财务管理研究[J].建筑经济,2016,37(10):105-108.

[28] 林侃侃.X企业集团财务管控研究[D].福州:福州大学,2014.

[29] 华正宏.企业集团财务管控模式研究——以XH集团为例[D].上海:华东理工大学,2013.

[30] 王实.央企集团现金管控程度对EVA考核成效的影响研究[D].北京:对外经济贸易大学,2016.

[31] 岳格丽.浅谈全面预算管理在建筑业企业的应用[J].财经界,2019(7):104-105.

[32] 林宏.基于全面预算管理的企业价值创造[J].财经界(学术版),2018(12):48.

[33] 刘倩.建筑施工企业全面预算管理[J].中国国际财经(中英文),2018(7):131.

[34] 陈晓.基于全面预算管理的我国企业价值创造研究[J].时代金融,2017(17):148-150.

[35] 王睦瑶.基于经济增加值的F公司全面预算管理优化研究[D].重庆:重庆理工大学,2017.

[36] 孙艳菲.基于价值创造的国有企业内部财务控制问题探析[D].南昌:江西财经大学,2014.

[37] 谢建宏.企业集团资金集中管理问题探讨[J].会计研究,2009(11):44-47.

[38] 张立.企业集团加强资金集中管理的建议[J].财务与会计,2016(21):58.

[39] 唐忠良.财务公司模式下资金集中管理信息化研究[J].技术经济与管理研究,2015(11):74-80.

[40] 吴豪.企业集团财务公司资金集中管理结算模式的实践与构想[J].生产力研究,2007(13):136-138.

[41] 黄雅靖.湖南顺安建工集团资金集中管理模式构建研究[D].长沙:湖南大学,2016.

[42] 赵卫东.TJ建筑公司基于信息化的资金集中管理体系建设[J].财务与会计,2014(06):58-59.

[43] 曹俊斐.论建筑企业资金集中管理[J].山西财经大学学报,2012,34(S1):182.

[44] 史立明.论企业集团资金管理发展趋势[J].山东社会科学,2009(S1):67-69,140.

[45] 章新蓉.企业集团实施资金集中管理的模式选择[J].中国流通经济,2006(4):60-62.

[46] 王立成.企业集团实行财务集中管理的有效途径[J].山西财经大学学报,2009(S1):172.

[47] 李光凤.企业集团财务集中管理模式研究[J].经济纵横,2007(2):61-63.

[48] 王之君,杨文静.集团资金管理模式研究[J].中央财经大学学报,2006(11):88-92.

[49] 吴秋生,黄贤环.财务公司职能发挥与集团融资约束研究[J].经济问题,2016(6):101-108.

[50] 廖新媛.企业集团和资金集中管理析论[J].求索,2004(1):50-51.

[51] 王兴山.走进会计信息化的三十年[J].财务与会计,2016(20):18,24-25.

[52] 柳锋.集团企业财务管理信息化存在的问题和对策[J].山西财经大学学报,2015,37(S1):48-49.

[53] 陈虎,孙彦丛.管理会计信息化——财务信息化发展的必然趋势[J].财务与会计,2015(7):11-12.

[54] 王刚,李宗祥.集团信息化环境下的智能财务稽核初探[J].财务与会计,2014(11):59-61.

[55] 欧阳筱萌.会计信息化背景下的财务共享模式探析[J].财务与会计,2014(4):55-57.

[56] 黄庆华,杜舟,段万春,等.财务共享服务中心模式探究[J].经济问题,2014(7):108-112.

[57] 王雁.建筑施工企业财务共享中心问题探究[J].山西财经大学学报,2018,40(S2):49-50.

[58] 李闻一,朱媛媛,刘梅玲.财务共享服务中心服务质量研究[J].会计研究,2017(4):59-65,96.

[59] 郭万莉.如何推进财务共享服务中心服务[J].财务与会计,2016(23):48.

[60] 陈虎.基于共享服务的财务转型[J].财务与会计,2016(21):23-26.

[61] 刘汉进,方阳.基于内部资源整合的企业共享服务述评[J].管理学报,2012,9(10):1562-1568.

[62] 石磊.关于财务共享服务中心建设的几点体会[J].财务与会计,2016(21):31-33.

[63] 王德宇.财务共享服务与企业管理研究[J].山东社会科学,2015(5):160-163.

[64] 罗真,李春.多元化企业集团财务共享服务模式的构建——以广西投资集团为例[J].经济研究参考,2016(23):72-74,84.

[65] 王兵,鲍国明.国有企业内部审计实践与发展经验[J].审计研究,2013(2):76-81.

[66] 胡静波,李卜.论企业内部风险管理审计[J].税务与经济,2012(3):56-61.

[67] 王江寒.企业环境管理能提高审计质量吗?[J].西安财经学院学报,2020,33(1):77-85.

[68] 李世辉,杨丽,曾辉祥.内部审计经理监察能力与企业违规——来自我国中小板上市企业的经验证据[J].会计研究,2019(8):79-87.

[69] 瞿晓龙,梁斌.内部审计增值作用及其影响因素的研究[J].广西大学学报(哲学社会科学版),2017,39(5):38-43.

[70] 赵保卿,徐豪萍.内部审计质量对企业投资效率的影响研究[J].南京审计大学学报,2017,14(3):95-104.

[71] 肖远企.内部审计的有效性[J].中国金融,2016(14):47-50.

[72] 虞塘.风险导向审计在建筑施工企业内部审计中的应用分析[J].山西财经大学学报,2018,40(S2):53-54.

[73] 杨晓彤.风险导向内部审计理论与应用再认识[J].山西财经大学学报,2018,40(S1):26-28.

[74] 唐大鹏,李鑫瑶,刘永泽,等.国家审计推动完善行政事业单位内部控制的路径[J].审计研究,2015(2):56-61.

[75] 李涛,赵志威,江远彬.企业集团公司内部审计管理体系转型与升级的理论框架研究——基于价值视角的思考[J].管理现代化,2014,34(4):53-55.

[76] 胡继荣,徐飞,管小敏.风险导向下的财务报告内部控制审计研究[J].江西社会科学,2011,31(12):216-220.

[77] 杜利萍.内部审计风险分析与控制[J].山西财经大学学报,2011,33(S4):75.

[78] 孙萍.开展风险导向内部审计遇到的问题[J].山西财经大学学报,2011,33(S3):203,211.

[79] 王晓霞.国有企业风险管理审计的责任与目标构建[J].审计研究,2010(3):54-58.

[80] 文颖.探索"大智移云"时代下基于财务共享服务的企业管理会计转型[J].现代经济信息,2019(19):247.

[81] 邹伶.大智移云时代下企业财务危机管理探讨[J].财会学习,2019(13):67,69.

[82] 余海涛."大智移云"背景下管理会计发展存在的问题及对策[J].纳税,2019,13(12):63,65.

[83] 王意,孙海涛.基于"大智移云"背景下管理会计发展研究[J].北方经贸,2019(4):76-77.

[84] 范志英."大智移云"背景下财务共享平台构建及应用——以TCL集团股份有限公司为例[J].财会通讯,2019(4):111-115.

[85] 丁鸿."大智移云"时代下基于财务共享服务企业管理会计转型研究[J].中小企业管理与科(下旬刊),2018(10):60-61.

[86] 于雯,邱卫林."大智移云"背景下的财务云问题探析[J].财务与金融,2018(3):44-47.

[87] 艾亚.财经服务要跟上大智移云技术的步伐[J].国际融资,2018(4):37-38.

[88] 张丽丽.大智移云背景下企业财务信息化建设问题分析[J].中国乡镇企业会计,2018(4):250-251.

[89] 王玮,敬采云."大智移云"时代企业财务共享业务流程再造研究——以长虹财务共享中心应付账款流程为例[J].商业会计,2016(20):41-43.

[90] 尚君凤,王冰."大智移云"背景下的会计创新探析[J].财会月刊,2019(19):64-70.

[91] 陈虎.大智移云的财务信息化[J].首席财务官,2016(18):5.

[92] 何雪锋,薛霞."大智移云"下管理会计驾驶舱的构建与应用[J].财会月刊,2019(24):100-104.

[93] KRAUSE T A, TSE Y. Risk management and firm value: recent theory and evidence[J]. International Journal of Accounting & Information Management, 2016, 24(1):56-81.

[94] ZAVADSKAS E K, TURSKIS Z, TAMOSAITIENE J. Selection of construction enterprises management strategy based on the SWOT and multi-criteria analysis[J]. Archives of Civil & Mechanical Engineering, 2011, 11(4):1063-1082.

[95] SPEAR R, MOREAU C, MERTENS S. Managers' competences in social enterprises: which specificities? [J]. Social Enterprise Journal, 2013, 9(2):164-183.

[96] LIN C, HAJNÓCZKY G, THOMAS A P. Inquiry on human resources management development trend of state-owned construction enterprises [J]. Shanxi Architecture, 2014, 16(4):247-258.